AF561789

Johannes Brahms im Lichte seiner Briefe

Johannes Brahms im Lichte seiner Briefe

Herausgegeben und kommentiert
von Dieter Feldtmann

Laaber-Verlag

Bibliographische Information der Deutschen Bibliothek
Die Deutsche Bibliothek verzeichnet diese Publikation
in der Deutschen Nationalbibliographie;
detaillierte bibliographische Daten sind im Internet über
›http://dnb.d-nb.de/‹ abrufbar.

Printed in EU / Imprimé en UE
Umschlaggestaltung und Innenlayout: Susanne Böhm, Lilienthal
Satz: Laaber-Verlag, Lilienthal
ISBN 978-3-89007-904-2

www.laaber-verlag.de

Inhalt

Einleitung

Die Briefe

Einleitung

»Ausatmen der Seele im Brief«.
Friedrich Hebbel, *Tagebücher*[1]

Johannes Brahms als Briefschreiber

»... daß ich kein Briefschreiber bin.« So jedenfalls äußert sich Johannes Brahms Ende Juni 1873 gegenüber seinem Freund Joseph Joachim, als er meint, dieser habe seinen Brief nicht so verstanden, wie er ihn aufgefasst haben wollte. Aber das liege wohl an ihm selbst. Erklärend heißt es: »Jedenfalls aber – wenn mein voriger Brief noch nicht Beweis genug war, so ist es dieser – daß ich kein Briefschreiber bin.«[2] Diese Aussage steht nicht allein da. So schreibt er am 11. Oktober 1857 entschuldigend an Clara Schumann: »Verzeih mir dies Schwatzen, aber ich kann nicht schreiben, ich habe nicht gelernt, meine Gedanken zu ordnen und auszusprechen.«[3] Entsprechend meint er zehn Jahre später seinem Vater gegenüber: »Liebster Vater, wir sind schlechte Briefschreiber!«[4] Auch wenn er, so kann man vermuten, mit dieser Äußerung dem Vater die Hemmung nehmen will, Briefe zu schreiben, ändert dies an der Selbsteinschätzung nichts. Überhaupt ist Brahms von der Unzulänglichkeit schriftlichen Mitteilens überzeugt. So schreibt er am 3. Oktober 1881 an seinen Verleger Fritz Simrock: »Aber das Schreiben ist doch eine unnütze Sache.«[5] Ähnlich heißt es gegenüber Elisabet von Herzogenberg gut sieben Jahre später: »Ich habe schon oft gesagt, daß ich besser tue, auf schriftlichen Umgang zu verzichten.«[6] Das begründet er damit, dass er sich oft nicht klar genug ausdrückt und der Adressat seinen Brief nicht verständnisvoll liest: »Gewöhnlich versehe ich es [= mache ich es falsch] mit dem

1 FH, Nr. 1763, S. 96.
2 BBW V, S. 83.
3 BWSB I, S. 205.
4 KST, S. 128.
5 BBW X, S. 190.
6 BBW II, S. 220.

Schreiben – sonst aber gewiß der Andre mit dem Lesen!«[7] Letzteres mag damit zusammenhängen, dass er, wie er noch 1890 gegenüber Clara Schumann meint, »eigentlich immer nur halbe Sätze« schreibt, zu denen sich »der Leser die andere Hälfte dazu«[8] zu denken hat. Das geht schließlich sogar so weit, dass er ihm inhaltlich Wichtiges, ihn innerlich Bewegendes, das ihm »durch Kopf und Herz geht«[9], lieber ungesagt lässt.

Dies alles trägt zu seiner »Schreibunlust«[10] oder seiner »Schreibfaulheit«[11] bei, die sich als ein Thema durch seinen gesamten Briefwechsel zieht. Diese »Unlust zum Schreiben«[12] hat aber noch andere Ursachen. Worüber Brahms immer wieder klagt, das ist die Fülle der Briefe, die er zu schreiben gezwungen ist, so etwa gegenüber Fritz Simrock, dem er schreibt: »Es ist entsetzlich, wie ich mit Briefen überschwemmt werde. Gelobt, gefragt, geladen, daß man nicht weiß, wie antworten!«[13] An anderer Stelle ist von einer »Briefmasse«[14] die Rede, die er bei der Rückkehr aus dem Urlaub zu Hause vorfindet, oder von einer »Ladung Briefe«[15], die er im Urlaub nachgeschickt bekommt und die er zu beantworten gezwungen ist. Einmal macht er sich Luft, indem er an Laura von Beckerath schreibt: »Ach Gott, entschuldigen Sie den Brief, es ist der 12te heute morgen!«[16] Folge der Briefflut ist, dass Brahms immer wieder einmal nicht oder viel zu spät antwortet oder sich bedankt, etwa im Mai 1876 für ein Weihnachtgeschenk. Dazu äußert er gegenüber Julius Stockhausen: »Guten Freunden gegenüber wird mein Papier nicht mehr roth, aber oft genug vor Fremden. Ich schäme mich […].«[17] Ergänzend heißt es, er sei »gar liederlich im Schreiben«.

Um seinen Pflichten gegenüber seinen Briefpartnern nachzukommen, weicht Brahms dann oft humorvoll einer ausführlichen Antwort aus und entwickelt dabei einen schier unendlichen Variationenreichtum. Das geschieht einmal, indem er die 1869 in Österreich eingeführten *Correspondenz-Karten* als Mitteilungsmedium verwendet. Dort heißt es dann am Ende einer solchen: »Warum ist das kein Briefbogen? Da schriebe ich am Ende weiter.«[18] Oder er wählt ein kleinformatiges Briefpapier und dankt dann Gott, »daß das Papier [schließlich] am Ende ist«[19]. Ein anderer Weg, der Schreiblast Herr zu werden, besteht darin, dass er Briefe ankündigt, von denen die Adressaten aufgrund ihrer Erfahrung bald wissen, dass er sie nie schreiben wird und auch nicht vorgehabt hat, dies je zu tun. So schickt er an Laura von Beckerath eine Postkarte, die lautet: »Verehrteste, der lange und schöne Brief wird erst morgen fertig und ich sage einstweilen, daß ich durchfahre nach Kassel.«[20] Und Fritz Simrock neckt er mit einer Postkarte aus Florenz, auf der es heißt: »Dies ist der letzte von den Grüßen« – in Wahrheit der erste und einzige. Darauf fährt er fort: »Hoffentlich haben Sie die früheren, schöneren, längeren Berichte gut bewahrt und gern gelesen.«[21] Schließlich weiß Brahms seiner Schreibunlust hin und wieder einen Zug von Selbstironie zu geben, wenn er zum Beispiel an Elisabet von Herzogenberg schreibt, er dürfe beim Schreiben des an sie gerichteten Briefes nicht länger warten, bis »der heilige Geist des Briefschreibens«[22] über ihn komme und er sich bei ihr angemessen für ihren Brief bedanken könne; deshalb werde er nur ihre Fragen beantworten. Als einmal ein Brief wider Erwarten länger geworden ist als beabsichtigt, heißt es am Ende eines Briefes an Laura von Beckerath: »Verzeihen Sie, wenn ich mich meiner Leidenschaft im Briefschreiben Ihnen gegenüber gar so gehen lasse! Aber ich muß Ihnen doch noch einmal danken für Ihr so liebenswürdiges Schreiben, und dann schickt es sich auch, daß ich Ihnen ein möglichst schönes neues Jahr wünsche!«[23]

Wenn Brahms gar keine Ausrede mehr einfällt, wie er einen Brief kurzhalten kann, muss schließlich hin und wieder seine Schreibfeder als Grund für die Beendigung eines Briefes herhalten. So endigt er einen etwas länger geratenen Brief an Ernst Frank, gleichsam mit einem Augenzwinkern, mit den Worten: »Die Feder leidt's nicht mehr lieber Freund, sie schreit, sie kann nicht so schnell, sie läßt sich nicht weiter außfausteln [= länger hinhalten].«[24]

Sosehr sich Brahms auf der einen Seite darüber beklagt, dass ihm das Briefschreiben zur Last werde und ihm die Zeit raube, die er gern auf andere Dinge verwenden würde, ja ihn sogar, wie er im Februar 1878 an Hermann Levi

7 Ebenda.
8 BWSB II, S. 422.
9 Ebenda.
10 BBW X, S. 77.
11 BBW XII, S. 119.
12 BBW XV, S. 126.
13 BBW IX, S. 165.
14 BBW VIII, S. 125.
15 BWSB II, S. 231.
16 KST, S. 47.
17 BBW XVIII, S. 118.
18 BBW VIII, S. 139.
19 BBW XI, S. 136.
20 KST 1979, S. 48.
21 BBW X, S. 72.
22 BBW I, S. 96.
23 KST 1979, S. 41.
24 BBW XIX, S. 59.

schreibt, am Komponieren hindere, ist er auf der anderen Seite doch auch auf besondere Weise mitteilungsbereit und mitteilungsfreudig. Was er dabei gar nicht mag, ist, in »Kürze und Eile«[25] bzw. in »Eile und Flüchtigkeit«[26] zu schreiben. In solchen Fällen sieht er sich gezwungen, zu »schreiben wie telegraphiert«[27], und er wagt deshalb gar nicht erst, »von etwas Besonderem anzufangen« und »auszureden«[28], das heißt, ein Thema näher auszuführen. Wie ein Brief im Idealfall aussehen könnte, zeigt der Anfang eines Briefes, den er im Februar 1895 an Franz Wüllner sendet. Dieser lautet: »L[ieber] F[reund]. Ich dachte in ruhiger Stunde recht behaglich Deinen Brief zu erwidern, von manchem Schönen und Guten zu plaudern, das uns gemeinsam angeht – und nun stellst Du mich zwischen 2 Heubündel und verlangst gegen alle Tradition, daß ich mich rasch entscheide [für eine aktive Teilnahme am Musikfest in Köln].«[29] Wenn Brahms viele Jahre früher, im Juni 1878, gegenüber Otto Dessoff geklagt hat, er habe in seinem Leben »noch keinen gemütlichen behaglichen Brief«[30] geschrieben, so mag das vielleicht bis dahin gelten, wenn es nicht übertrieben ist. Aber es gibt genügend Beispiele in der Gesamtkorrespondenz, die dies widerlegen. Das sind Brahms' schönste Briefe. Sie zeigen zudem, dass er auch die »schöne Gabe, geistreiche Briefe zu schreiben«, besessen hat, von der er behauptet, sie habe »keinen Wert«.[31]

»… daß ich kein Briefschreiber bin.« Das stimmt, und es stimmt auch nicht. Es kommt darauf an, wie man diese Aussage versteht. Brahms ist nicht das, was man vielleicht einen typischen Briefschreiber nennen könnte, typisch in dem Sinne, dass es diesem primär darum geht, sich über alle möglichen Themen ausführlich und tiefgehend auszulassen und auszutauschen sowie in eine geistige Auseinandersetzung mit seinen Briefpartnern zu treten – bei seiner Bandbreite von Interessen und Wissen eigentlich naheliegend. Häufig ist zu lesen, dass er sich lieber mündlich austauschen möchte, was nicht nur für ihn gilt, sondern auch für seinen künstlerischen Freundeskreis, mit dem er die Sprachskepsis teilt, die eine schriftliche Fixierung eines Sachverhalts als unzulänglich erscheinen lässt. Im mündlichen Verkehr kann er alles Mögliche »erzählen«, was er »nicht zum Geschriebenen eintrocknen kann«.[32] Zudem scheut er die briefliche Kommunikation, etwa mit Clara Schumann – und darin ist sie ganz seiner Auffassung –, wenn es um musikalische Themen geht. Briefe lassen, so beider Meinung, eine differenzierte Auseinandersetzung nicht zu, weil sie zu unerwünschten und zeitlich nicht ausführbaren Längen führen, andererseits eine mündliche Diskussion eine sofortige Rückkoppelung ermöglicht und so die Verständigung über bestimmte Sachverhalte einfacher wird. »Plaudern ist besser als kritzeln«[33], schreibt er am 7. November 1893 an sie.

Auf der anderen Seite – das kann gar nicht genug betont werden – war Brahms ein versierter und gekonnter Briefschreiber. Er schrieb sachorientiert und adressatenbezogen, war in vielen Formen zu Hause und beherrschte viele Tonlagen und Stilebenen, je nach Anlass, Zweck und Ziel. Davon zeugt der Facettenreichtum der 16 ausgewählten Briefe. Es wäre ein großer Verlust gewesen, wenn sie der Vernichtung durch Brahms zum Opfer gefallen wären. Das wäre beinahe geschehen, jedenfalls was den Briefwechsel zwischen Clara Schumann und ihm betrifft, als sie zwischen 1885 und 1887 ihre Briefe austauschten mit der Absicht, sie zu vernichten, damit sie nach beider Tod nicht in falsche Hände gerieten. Clara Schumann hielt sich, zum Glück, nur zum Teil daran, aber Brahms, der, wie er Clara Schumann im Mai 1887 mitteilt, ohnehin nicht vorhatte, seine Briefe »zum Buchbinder zu bringen«[34], das heißt zu veröffentlichen, warf sie in den Rhein. Im März 1893 erzählte er dann Richard Heuberger: »Nun habe ich alles vertilgt. Von mir soll man nichts finden.«[35]

---

25 BBW II, S. 43.
26 BBW XV, S. 126.
27 BBW VII, S. 172.
28 BBW XV, S. 126.
29 BBW XV, S. 182f.
30 BBW XVI, S. 181.
31 BBW VII, S. VII.
32 BWSB II, S. 276.
33 BWSB II, S. 533.
34 BWSB II, S. 316.
35 RH, S. 60.

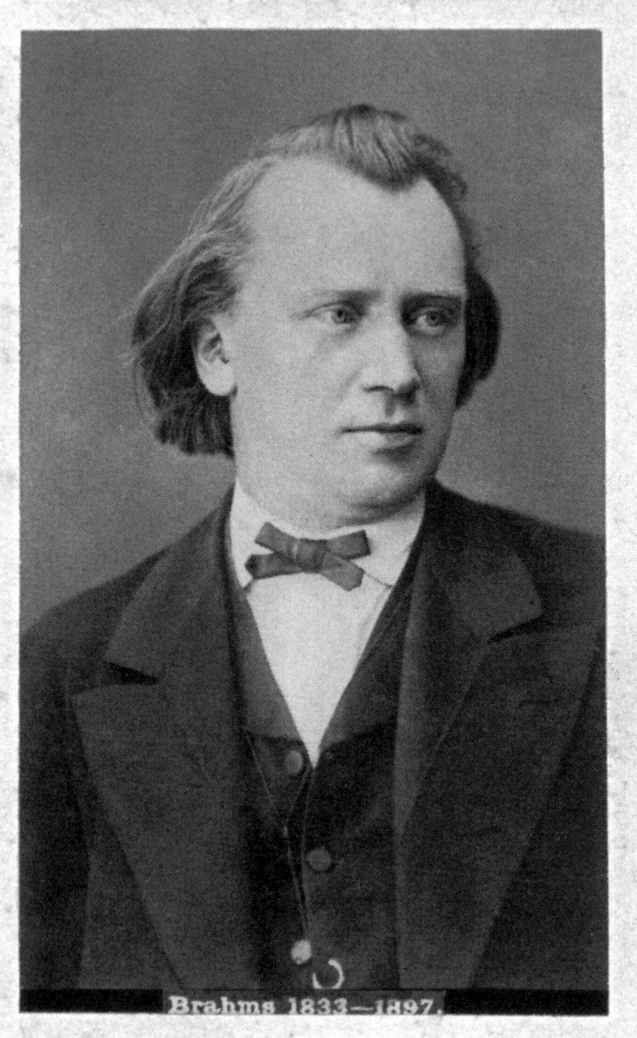

Johannes Brahms, ca. 1876/77
Fotografie von M. Frankenstein & Co, Wien
(Brahms-Institut an der Musikhochschule Lübeck)

Zur Auswahl der Briefe

Bei den ausgewählten Briefen handelt es sich vorwiegend um monothematische Briefe. In ihnen kommt Brahms als Briefschreiber im eigentlichen Sinne zu voller Entfaltung. Sie zeigen, in Ergänzung zu dem Ausspruch, den Brahms einmal gegenüber Clara Schumann machte, nämlich »in meinen Tönen spreche ich«[1], dass Brahms durchaus auch in seinen Briefen sprechen konnte, selbstoffenbarend. Diejenigen Briefe, die er einmal »eine Art Geschäftsbrief«[2] nennt, dienen vorwiegend rein praktischen Zwecken. Um ein Beispiel aus dem Berufsleben zu wählen, geht es dort um Konzertpläne, Terminabsprachen, Fragen der Programmgestaltung und Aufführungsmodalitäten. Diese und andere Briefe sind meist wenig strukturiert, ein Thema geht leicht in das andere über, und das Ganze hat einen heterogenen Charakter. Damit ist Brahms so unzufrieden, dass er einmal seinen Brief einen »wüsten Brief«[3] nennt, in einem anderen Fall von seiner »confuse[n] Schreiberei«[4] spricht und sich bei seinem jeweiligen Briefpartner für diesen entschuldigt. Die monothematischen und ihnen verwandte Briefe sind dagegen formal und sprachlich durchgearbeitet. Man merkt ihnen an, dass sie »behaglich«[5] geschrieben wurden, das heißt, dass Brahms die nötige Zeit fand und die erforderliche Geduld aufbrachte, sie in Ruhe aufs Papier zu bringen.

Die Zahl der Adressaten der ausgewählten Briefe ist relativ klein. Das liegt daran, dass es nicht viele Personen gibt, mit denen Brahms so vertraut war, dass er sich ihnen gegenüber so öffnen mochte, wie es in diesen Briefen vielfach geschieht. Denn er meinte, sein Herz »alle Augenblicke verstecken«[6] zu müssen.

Die einzelnen Briefe sind mehr oder weniger aus sich selbst heraus verständlich. Daher dienen die sich ihnen anschließenden Essays weniger der unmittelbaren Erläuterung und Kommentierung als dazu, dem Leser einen

1 BWSB I, S. 595.
2 BBW XV, S. 144.
3 BBW VII, S. 128.
4 BBW XVIII, S. 90.
5 BBW XV, S. 182
6 BWSB II, S. 8.

kontextuellen Hintergrund anzubieten und damit das Verständnis der einzelnen Briefe zu vertiefen, die Lektüre reicher zu machen sowie das Lesevergnügen zu erhöhen.

Sämtliche Briefe sowie Zitate folgen in der Rechtschreibung und Zeichensetzung, im Satzbau und in der Grammatik der jeweiligen Vorlage.

Hervorhebungen von Aussagen werden in den Briefausgaben sehr unterschiedlich wiedergegeben, teils als Unterstreichung, als gesperrter Druck, in Kursivschrift oder mit anderen Schrifttypen. Da in den meisten Fällen entsprechende Angaben der Herausgeber fehlen, wurde hier vereinheitlichend verfahren, indem zur Hervorhebung ausschließlich die Unterstreichung verwendet wurde.

Ein Verzeichnis mit Nennung sämtlicher verwendeter Literatursiglen findet sich ab Seite 141.

Brief I

An Otto Friedrich Willibald Cossel
Hamburg, 1. Januar 1842

Geliebter Lehrer!
Abermal ist ein Jahr dahin, und ich erinnere mich daran, daß Sie mich auch in dem verflossenen Jahre so weit in der Musik gebracht haben. Wie vielen Dank bin ich Ihnen dafür schuldig! Zwar muß ich auch daran denken, daß ich wohl zuweilen Ihren Wünschen nicht folgte, indem ich nicht so übte wie ich sollte. Ich verspreche Ihnen aber, in diesem Jahre durch Fleiß und Aufmerksamkeit Ihren Wünschen nachzukommen. – Indem ich Ihnen auch recht viel Glück zum neuen Jahre wünsche, verbleibe ich
Ihr gehorsamer Schüler
J. Brahms.
Hamburg.
d. 1. Jan. 42

Der Neujahrsbrief, den der achtjährige Johannes Brahms mit dem Datum vom 1. Januar 1842 an seinen Klavierlehrer Otto Cossel sendet, ist die erste briefliche Äußerung, die wir von ihm besitzen. Er ist mit einer Kielfeder in Fraktur / Kurrentschrift sauber, akkurat und gut leserlich geschrieben, so leserlich wie später kaum noch. Nicht von ungefähr sprach Brahms in späteren Jahren gern von seiner Handschrift entschuldigend als von »seine[n] Schmirakel[n]«[1] oder von seinen »Krähenfüßen«[2].

Inhaltlich wie formal ist der Brief nicht kindgemäß. Er ist eher Ausdruck der Wünsche und des Ehrgeizes der Eltern, die ihr Kind zu ihm angehalten und ihn für es aufgesetzt haben

1 BBW V, S. 27.
2 BWSB I, S. 383.

werden. Insofern sagt er wenig über den Schreiber aus. Seinen Wert erhält er vor allem dadurch, dass er ein erstes Dokument für die enge freundschaftliche Beziehung nicht nur zwischen dem Schüler und dem Lehrer ist sondern auch zwischen den Familien Brahms und Cossel. Sie bestand bis zu Brahms' Tod.

Wer war dieser Otto Cossel, zu dem Johann Jakob Brahms seinen Sohn 1840 zum Unterricht brachte? Siegfried Kross beschreibt ihn in seinem *Versuch einer kritischen Dokumentar-Biographie* (1997) als einen »vorzügliche[n] Musiker«[3] und einen Pianisten »auf der Höhe der Klavieristik der Zeit«[4] und nennt ihn den »wohl gefragtesten Hamburger Klavierpädagogen«[5]. Cossel wohnte zu Beginn des Unterrichts am Steindamm Nr. 7 in der Vorstadt St. Georg, unweit des Steintors. Dies war eines der sechs Hamburger Stadttore, an denen bis Ende 1860 eine Torsperre galt, das heißt, die je nach Jahreszeit morgens geöffnet und abends geschlossen wurden und an denen beim Passieren die sogenannte Akzise (Verbrauchssteuer) erhoben wurde. Familie Brahms wohnte innerhalb des Stadtwalls in der Ulricus Straße Nr. 38. Das bedeutete für den siebenjährigen Jungen, je nach Wegroute, einen nicht geringen Fußweg von 7.000 bis 8.000 Hamburger Fuß, das sind etwa 2 bis 2,3 Kilometer. Als die Familie Brahms im November 1841 in eine wenige 100 Meter entfernte Wohnung am Dammtorwall Nr. 29 umzog, übernahm Cossel die von der Familie Brahms bis dahin bewohnten Zimmer in der Ulricus Straße, damit der kleine Johannes nicht mehr einen so langen Weg zum Unterricht hatte – und Zeit sparte, denn der Junge besuchte neben seiner musikalischen Ausbildung ja auch die Elementarschule von Heinrich Friedrich Voß am Dammtorwall. Dies Entgegenkommen ist eines der zahlreichen Beispiele für Cossels großzügiges und umsichtiges Verhalten seinem Schüler gegenüber, für sein pädagogisches Ethos.

Nach Kurt Hofmann erhielt Brahms bei Cossel »von Anfang an einen sehr qualitätsvollen Klavierunterricht, der es ihm ermöglichte, den Ausdrucksgehalt eines Musikstücks optimal wiederzugeben«[6]. Und Siegfried Kross konstatiert, dass Cossel »offenbar bald die Begabung seines kleinen Schülers erkannt«[7] und dieser »rapide

3 SK I, S. 25.
4 Ebenda.
5 SK I, S. 26.
6 KH 2003, S. 35.
7 SK I, S. 28.

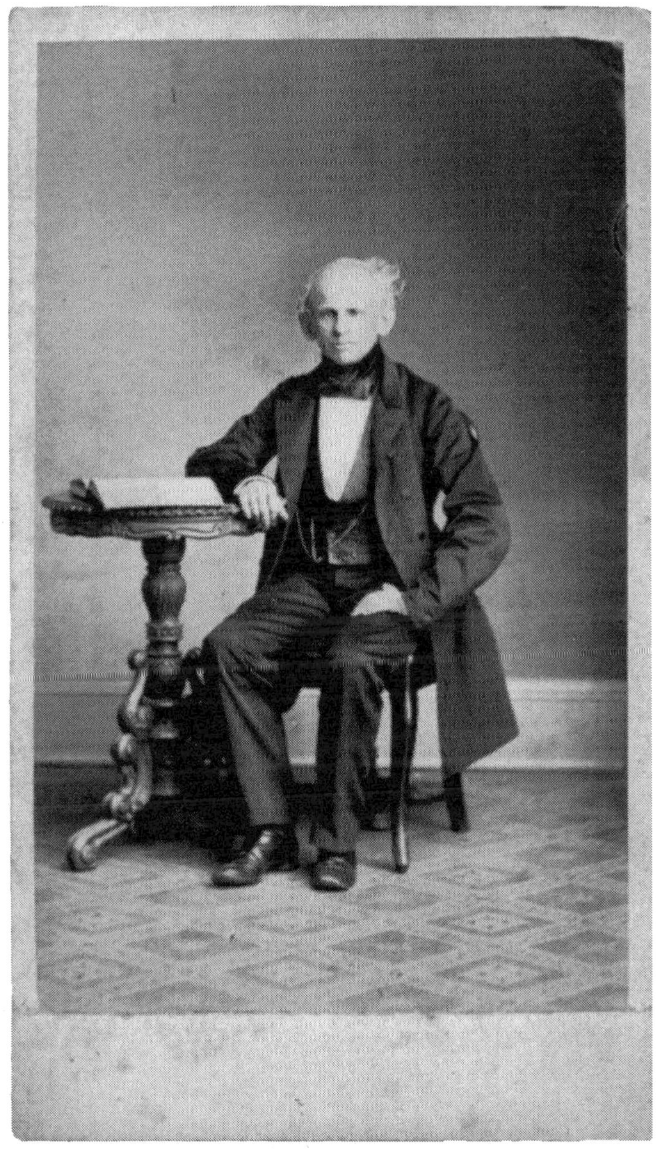

Otto Friedrich Willibald Cossel, um 1860
Fotografie von F. König, Hamburg
(Brahms-Institut an der Musikhochschule Lübeck)

Fortschritte«[8] gemacht hat. Letztere waren offenbar so groß, dass man es bereits 1843 wagte, das zehnjährige Kind halböffentlich in einem Privatkonzert »zum Benefize der weiteren Ausbildung«[9] auftreten zu lassen. Das geschah im Gesellschaftssaal des Unterhaltungslokals *Zum Alten Raben*, das außerhalb des Dammtors am Ufer der Großen-Alster (heute Außenalster) lag. Zu diesem Konzert hatte man auch einen Künstleragenten zugelassen. Dieser sah in dem Jungen so viel Potential, dass er ihn gern als Wunderkind auf eine Konzertreise geschickt hätte, er lockte sogar mit Amerika. Brahms' Eltern waren in Anbetracht des möglichen Geldsegens bereit, dem zuzustimmen, Otto Cossel hingegen hielt dies aus Verantwortungsgefühl für das begabte Kind und dessen weitere Entwicklung für schädlich und stellte sich dagegen. Um sich durchzusetzen, bringt er abermals ein Opfer. Er gibt gegenüber den Eltern vor, dem Kind nichts mehr vermitteln zu können und setzt sich dafür ein, dass sie ihr Kind zu seinem eigenen Lehrer, Eduard Marxsen, zum Unterricht geben. Nachdem Cossel zweimal versucht hatte, Marxsen dafür zu gewinnen, gibt dieser schließlich nach und übernimmt den weiteren Unterricht einmal die Woche – ohne Bezahlung, aber mit der Bedingung, dass der Unterricht bei Cossel (zunächst) weiterläuft. Bei Marxsen erhält Brahms dann auch den lange ersehnten Kompositionsunterricht, zu dem sich Cossel, wohl 1842, einmal so geäußert hat: »Es ist schade um ihn [Brahms]; er könnte ein so guter Clavierspieler sein, aber er will das ewige Componiren nicht lassen.«[10]

Mit dem Ende des Unterrichts bei Cossel bricht der Kontakt zwischen Schüler und Lehrer und zwischen den Familien nicht ab. So wird Brahms 1853 Pate der zweiten Tochter Cossels, Johanna. Als Brahms im Oktober 1854 zu einem längeren Aufenthalt in Hamburg weilt, besucht er seinen ehemaligen Lehrer, und als er vor dessen Tür steht und ihn raten lässt, wer dort sei, antwortet dieser: »Unser Johannes!«[11] Als nach dem Tod von Brahms' Mutter, Christiane Brahms, im Februar 1865 die unversorgte Schwester Elise eine Bleibe sucht, denn mit dem Vater will sie nach der Trennung der Eltern nichts zu tun haben, kommt sie zeitweilig bei Familie Cossel unter. Am 28. August 1865 stirbt Otto Cossel dann selbst, mit nur 52 Jahren; der Kontakt zwischen den Familien besteht jedoch fort. Jahre später begegnet man sich auf der musikalischen Ebene wieder. So sind Frau Cossel und ihre älteste Tochter Marie, verheiratete Janssen, anwesend, als Brahms am 28. September 1878 anlässlich der Feiern des 50-jährigen Stiftungsfestes der Philharmonischen Gesellschaft in Hamburg die umjubelte Hamburger Erstaufführung seiner *Zweiten Symphonie* op. 73 im Großen Sagebiel'schen Saale dirigiert. Bei Marie Janssens Sohn wird Brahms schließlich auch noch einmal Pate.

Als sie ihm ein Foto des Patenkindes schickt, bedankt er sich in einem Brief vom 28. Dezember 1896 mit folgenden Worten: »Ich komme nicht zum eigentlichen Schreiben, so sehr Ihre liebe und freundliche Sendung auch dazu reizt. So lassen Sie mich auch denn nur kurz Dank sagen und glauben Sie, daß meine Gedanken recht herzlich beim Anschauen des Bildes spazieren gehen nach Kiel zu Ihnen, wie nach Hamburg zu Ihrem unvergeßlichen Vater, dessen Andenken mir eines der heiligsten und teuersten ist.«[12] Solche Superlative hat Brahms nur selten verwendet. Ähnlich hatte er sich auch schon Ende 1887 gegenüber Klaus Groth geäußert, als er diesen bat, er möge sich um Marie Janssens »musikalischen Umgang etc.«[13] kümmern, da sie erst kürzlich nach Kiel gezogen sei und noch wenig Kontakt habe. Und er ergänzt dann Folgendes über ihren Vater: »Er war ein ganz besondrer u. außerordentlicher Mensch u. Lehrer.«[14] Und gegenüber Richard Heuberger bekennt er noch im Juli 1896: »Einen so gründlichen Unterricht, wie ich ihn von meinem ersten Lehrer Cossel im Klavier erhielt, den gibt es heute gar nicht mehr! Nein, nein!«[15] All diese Äußerungen zeigen, dass die Anrede des Neujahrsbriefes, jedenfalls im Rückblick, auch im Sinne von Johannes Brahms gewesen sein muss: »Geliebter Lehrer!«

8 Ebenda.
9 MAY I, S. 56f.
10 KH 2003, S. 38.
11 BWSB I, S. 22.
12 MAY I, S. 261.
13 BWBG, S. 114.
14 Ebenda.
15 HEU, S. 108.

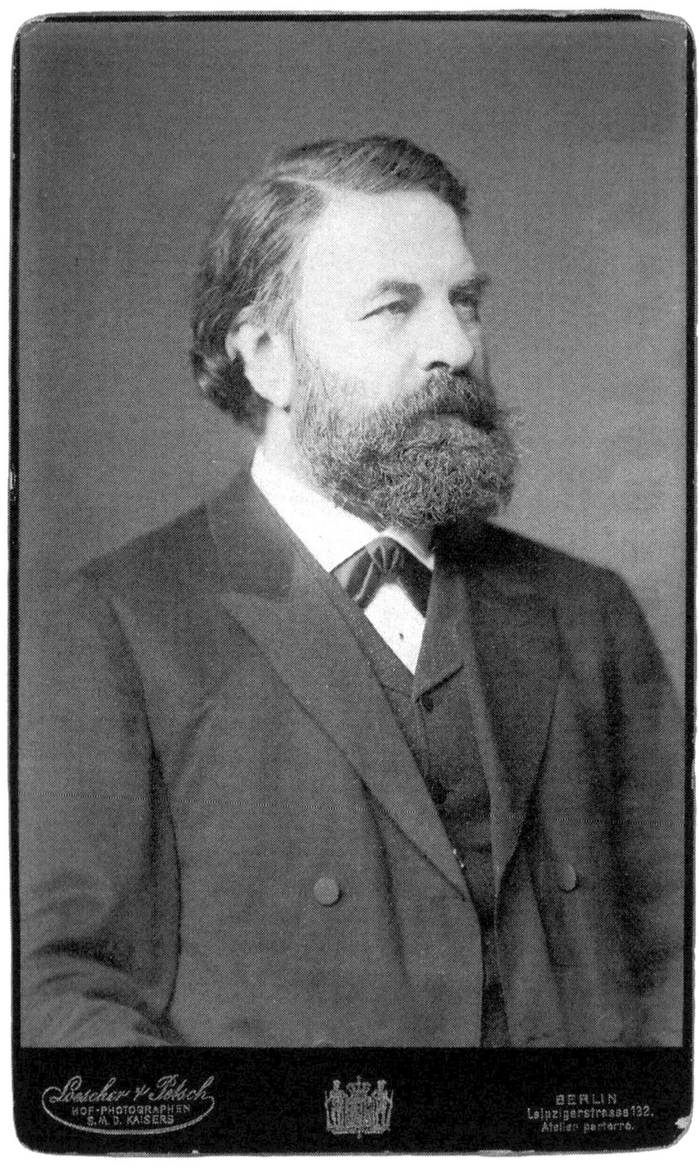

Joseph Joachim, 1887

Fotografie von Loescher & Petsch, Hof-Photographen, Berlin
(Brahms-Institut an der Musikhochschule Lübeck)

Brief II

An Joseph Joachim
Düsseldorf, 19. Juni 1854

Geliebtester Freund,
Mein langes Schweigen hast Du gewiß recht übel gedeutet? Du selbst bist schuld daran. In Deinem letzten Brief aus Hannover steht, Du wolltest Liszts Ankunft daselbst genauer schreiben; den Brief wollte ich Dir erst noch stehlen und dann natürlich abschreiben. (Geld?) Später erzählte uns Herr Preußer von L[iszt] und Herrn Wagemann, von Deiner Abreise usw. usw.

Da ich Dir nun nichts Neues über Schumanns schreiben kann, so schweige ich fast darüber, und erzähle nur, daß ich Frau Schumann morgen (Dienstag) sehe, da sie schon aufstehen wird und – daß sie den schnöden Plan gefaßt hat, nach völliger Erholung (etwa sechs Wochen) Julchen nach Berlin zu bringen und Euch vierzehn Tage zu besuchen. Gönnen tue ich Euch's nicht, gar nicht!

Ich will Dir noch einiges von dem teuren Kranken erzählen, auf die Gefahr hin, Altes zu wiederholen.

Herr Schumann frug einmal den Arzt, ob nicht Dr. Hasenclever und zwei andere Leute ihn nach Bonn gebracht hätten; ein anderes Mal, ob man nicht von D[üsseldorf] Kragen für ihn geschickt hätte, sonst möchte der Arzt darum schreiben, er wünsche sie jetzt zu tragen. (Seit einem Vierteljahr hat er nie daran gedacht.)

Einst frug er auch, in welcher Richtung Godesberg liege, und erzählte, daß er dort einen Sommer zugebracht!

Sind das nicht wunderbare Zeichen von rückkehrendem Gedächtnis?

Jetzt muß ich Dir noch recht viel von mir vorschwatzen. Mein Trio und ein Heft Lieder haben Härtels in Verlag genommen (12 u. 8 L. d'ors). Da ich an Grimm über 20 Taler zu bezahlen hatte, so möchte ich Dich gern noch warten lassen, (wenn Du's kannst!) damit ich nicht gleich wieder ohne Geld bin.

Ich möchte die beifolgenden Sachen herausgeben und bitte Dich deshalb so dringend als ich kann, Du mögest sie durchsehen und mir Deine wahrhafteste Meinung darüber schreiben. Ich bin so in Zweifel über den Wert oder Unwert derselben, daß ich mich zu nichts entschließen könnte, ohne Dein entschiedenes Urteil zu wissen.

Ich möchte Dich hauptsächlich bitten, mir zu jedem Stück und
22 zu jeder Variation ein entschiedenes Ja oder Nein, oder Dein Bedenken zu schreiben! Ich dachte die Sachen unter folgendem Tittel herauszugeben:

Blätter aus dem Tagebuche eines Musikers.

Herausgegeben vom jungen Kreisler.

1tes Heft: Vier Stücke für Pianoforte (Menuett oder ? in as moll, Scherzino od. ? in h moll, Stück in d moll und Andenken an M. B. in h moll).

2tes Heft. Variationen usw.

Was meinst Du dazu? Die Sachen sollten den anonymen Titel nicht tragen um schlechter sein zu dürfen als meine früheren, sondern nur des Witzes wegen und weil sie Gelegenheitsstücke sind.

Auch über die Reihenfolge und einzelnen Titel im ersten Heft bin ich unklar. Die Variationen sind wohl gar zu klein und unbedeutend? Man braucht eigentlich nicht mehr solche Kindereien. Meine d moll-Sonate möchte ich gern lange liegen lassen können. Ich habe die drei ersten Sätze oft mit Frau Schumann gespielt. (Verbessert.) Eigentlich genügen mir nicht einmal zwei Klaviere. Das Trio hätte ich auch gern noch behalten, da ich jedenfalls später darin geändert hätte.

Mir ist so wirr und unentschieden zumut, daß ich Dich [nicht] genug um eine recht bestimmte Antwort bitten kann. Umgehe keine absprechende, da sie mir nur nützlich sein würde.

Empfiehl mich der Frau und dem Fräulein von Arnim, so gut Du kannst, auch Herrn [Hermann] Grimm und Bargiel, nach dem ich mich sehne.

Möchtet Ihr doch lieber hierher kommen, statt uns Frau Schumann zu rauben. [...]

Meiner Bitte wegen mag ich mich gar nicht entschuldigen, sie ist sehr groß und auch wohl unangenehm; wenn Du irgend kannst, gewähre sie mir recht sehr.

Lebe recht wohl und behalte mich lieb, wie ich Dich sehr.
Dein
Johannes.
Vielen Dank für Dein opus 5!

In dem Brief, den der 21-jährige Brahms am 19. Juni 1854 aus Düsseldorf an seinen zwei Jahre älteren »geliebteste[n] Freund«[1] Joseph Joachim, Konzertmeister im Hoforchester des Königreichs Hannover, schreibt, steht im Mittelpunkt die Bitte, einige Kompositionen, die Brahms an den Verlag Breitkopf & Härtel in Leipzig schicken möchte, kritisch zu beurteilen. Grund dafür sind seine »Zweifel über den Wert oder Unwert derselben«[2]. Er wolle ihm etwas von sich »vorschwatzen«[3], beginnt Brahms seine Bitte – ein Beispiel für seine immer wiederkehrende Neigung, für ihn persönlich Wichtiges, Bedeutsames aus Unsicherheit, Bescheidenheit oder Verlegenheit sprachlich herunterzuspielen. Und noch bevor es zur Auflistung und Charakterisierung der zu publizierenden Werke kommt, teilt Brahms seinem Freunde mit, unter welchem Titel er die Werke herauszugeben gedenkt: »Blätter aus dem Tagebuche eines Musikers. Herausgegeben vom jungen Kreisler.«[4] Diese Anonymisierung oder dieses Pseudonym, so seine Begründung, wähle er »des Witzes wegen«[5] [= eines geistreichen Einfalls wegen] und weil die Kompositionen »Gelegenheitsstücke«[6] seien. »Was meinst Du dazu?« fragt er seinen ebenfalls komponierenden Freund.

In seiner Antwort vom 27. Juni überschüttet Joachim seinen »liebste[n] Johannes«[7] mit Lob. Im Zusammenhang mit der Besprechung der *Variationen* op. 9 nennt er ihn ein »Genie von Gottes Gnaden«[8], einen »wunderbare[n] Baumeister«[9] und einen »junge[n] Musik-Imperator«[10]. Auch über die anderen Klavierstücke lässt er sich weit-

1 BBW IV, S. 41.
2 Ebenda, S. 42f.
3 Ebenda, S. 42.
4 Ebenda, S. 43.
5 Ebenda.
6 Ebenda.
7 Ebenda, S. 45.
8 Ebenda, S. 46.
9 Ebenda, S. 45.
10 Ebenda, S. 46.

gehend positiv aus. Ganz entschieden aber wendet er sich gegen Brahms' Ansinnen, die Kompositionen anonym herauszugeben. »Zur Zeit Hoffmanns und Jean Pauls«, so schreibt er, »waren ähnliche Mystifikationen neu, weil Ausfluß eines gewissen genialen Übermuts, der gern dem Philistertum auf alle mögliche Weise Schnippchen schlug«[11], heutzutage sei so etwas jedoch zu einer äußerlichen Form herabgesunken, die es zu vermeiden gelte. Wer so etwas tue, wolle bloß auffallen und sich bemerkbar machen. Unerfahren wie er ist, vertraut Brahms ganz auf seinen Freund und verzichtet stillschweigend auf das Pseudonym; das Thema taucht in ihrem weiteren Briefwechsel nie mehr auf. So berechtigt sein Abraten in der Sache auch sein mag, verkennt Joachim in diesem Augenblick doch, welch tiefe existentielle Bedeutung die Figur Kreisler zu jener Zeit für Brahms hatte. Diese dokumentiert Brahms unter anderem dadurch, dass er das Autograph seines Ende Januar 1854 abgeschlossenen *Klaviertrios* H-Dur op. 8 mit »Hannover. Januar 54. Kreisler jun.«[12] signiert und einige der *Klaviervariationen* op. 9 mit dem Sigle »Kr. [= Kreisler]«[13] versieht.

Wer ist dieser Johannes Kreisler und was steht dahinter? Johannes Kreisler ist die zentrale Figur in zwei Werken von E. T. A. Hoffmann mit den umfänglichen Titeln *Fantasiestücke in Callots Manier. Blätter aus dem Tagebuche eines reisenden Enthusiasten*, worunter sich 13 episodenhafte Stücke mit dem Obertitel *Kreisleriana* befinden, sowie *Lebensansichten des Katers Murr nebst fragmentarischer Biographie des Kapellmeisters Johannes Kreisler in zufälligen Makulaturblättern.* Robert Schumann charakterisiert diese komplexe, vielgesichtige und vexierbildartige Figur in einem Brief vom 15. März 1839 an einen französischen Briefpartner knapp wie folgt: »Kreisler ist eine von E.T.A. Hoffmann geschaffene Figur, ein excentrischer, wilder, geistreicher Capellmeister.«[14] Um es noch kürzer zu sagen, kann man Theodor aus der Rahmenhandlung des Hoffmannschen Werks *Die Serapionsbrüder*, ein ebenfalls von Brahms sehr geschätztes Werk, zitieren, der von einem, jetzt nicht auf Kreisler bezogenen, aber zutreffenden »Mißverhältnis des innern Gemüts mit dem äußern Leben[15]« spricht. Goethe hatte mit Blick auf seine Figur des Torquato Tasso von einer »Disproportion des Talents mit dem Leben«[16] gesprochen.

Die drei Hauptthemen in den *Kreisleriana* sind die Dissonanz zwischen der künstlerischen Existenz und der Gesellschaft, die divergierende Kunstauffassung beider und die Diskrepanz zwischen dem erwarteten und dem tatsächlichen Rezeptionsverhalten des Publikums. Die erste Erzählung der *Kreisleriana* mit dem Titel *Johannes Kreislers, des Kapellmeisters, musikalische Leiden* stellt Kreisler dar, nachdem er seines Amtes als fürstlicher Hofkapellmeister enthoben worden war, weil er sich, wie es im Vorwort zu den ersten sechs Stücken heißt, »standhaft geweigert hatte, eine Oper, die der Hofpoet gedichtet, in Musik zu setzen«[17]. Jetzt muss er einem bürgerlichen Brotberuf nachgehen, der ihn nicht zu seinem eigentlichen Lebensinhalt kommen lässt – zum Komponieren. Daran leidet Kreisler. Zudem aber leider er »höllische Qualen«[18] deswegen, weil er im Hause des reichen Geheimrats Röderlein eine Abendunterhaltung musikalisch zu gestalten hat, bei der »neben dem Tee, Punsch, Wein, Gefrorenem etc. […] auch immer etwas Musik präsentiert«[19] werden muss, die, wie es ironisch heißt, »von der schönen Welt ganz gemütlich so wie jenes eingenommen wird«[20]. Die Musik wird philisterhaft nur als störender, »unnütze[r] Lärm«[21], etwa beim Kartenspiel, wahrgenommen. Daran ist Kreisler zum Teil aber selbst schuld. Seiner bisherigen Erfahrung nach hätte er nämlich nicht das Werk für diesen Abend auswählen dürfen, das er in diesem Kreis und bei dieser Gelegenheit vorzutragen wünschte: die *Goldberg-Variationen* (BWV 988) von Johann Sebastian Bach. Schon bei der dritten Variation entfernen sich einige Personen. Manche halten bis zur 12. Variation aus, bis schließlich ein letzter Zuhörer Kreisler aus Höflichkeit erst bei der 30. Variation allein zurücklässt. (Eine ähnliche Szene findet sich in Thomas Bernhards 1983 veröffentlichten Roman *Der Untergeher*. Hier vertreibt der Untergeher, der gescheiterte Pianist Wertheimer, absichtlich seine von ihm eingeladenen, aber verachteten Gäste, indem er ihnen die *Goldberg-Variationen* in unerträglicher Lautstärke so lange vorspielt, bis alle das Weite gesucht haben.) Schließlich leidet Kreisler daran, dass er Röderleins musikalisch

---

11 BBW IV, S. 47.
12 JR, S. 6.
13 Ebenda.
14 BWRS, S. 67.
15 Sbr, S. 35.
16 GW V, S. 442.
17 HW I, S. 20.
18 Ebenda, S. 22.
19 Ebenda, S. 23.
20 Ebenda.
21 Ebenda.

unbegabten Töchter, die er erfolglos viereinhalb Jahre unterrichtet hat, sowie andere anwesende Damen und Herren der Gesellschaft beim Singen am Flügel zu begleiten hat. Kreisler übersteht den, wie er es empfindet, »verdammte[n] Mißbrauch [...] der herrlichen, heiligen Musika«[22] nur dadurch, dass er ein Glas Burgunder und Punsch nach dem anderen trinkt.

Der Johannes Kreisler in E.T.A. Hoffmanns Roman *Lebensansichten des Kater Murr* ist nicht (ganz) derselbe wie der in den *Kreisleriana*, schon deshalb nicht, weil er eine Entwicklung durchmacht und sein Charakter weiter und differenzierter ausgeformt wird. Er kommt am Ende »zu reiferen Jahren«[23] und sein »bewegtes Gemüt«[24] zu »wohltätiger Ruhe«[25] dadurch, dass er sich in eine Abtei zurückzieht, in der man ihn liebt und seine Musik schätzt. Dort wird er eins mit sich: »Er glaubte an sich selbst«[26], heißt es, an seine »innere schöpferische Kraft«[27]. Das bedeutet, dass grundlegende Charakterzüge und Lebensprobleme Kreislers im Roman erhalten bleiben; sie finden nur einen anderen und vielfältigeren Ausdruck.

Wie der Abt Chrysostomus gegen Ende des Romans resümierend sagt, gehört Kreisler zu denjenigen Menschen, »die Fremdlinge in der Welt sind und bleiben, weil sie einem höheren Sein angehören und die Ansprüche dieses höheren Seins für die Bedingung des Lebens halten«[28]. So treffen sein tiefer Sinn für die Kunst, seine musikalische Begeisterung und sein hochgesteckter Kunstwille immer wieder auf kleinliche Verhältnisse, auf künstlerischen Unverstand und gesellschaftliche Grenzen. Da hilft es auch wenig, wenn sein seelenverwandter Mentor Meister Abraham Liscov, ein Orgelbauer, rückblickend zu ihm sagt: »Was gingen dich die vornehmen Leute, was ging dich die ganze Welt an, die du verhöhntest, weil du sie für närrisch hieltest und selbst am närrischsten warst.«[29] So begegnen Kreislers »leidenschaftliches Wesen«[30], sein »reizbares Gemüt«[31] und seine »überspannte Laune«[32] all dem mit »höhnender Verachtung aller konventionellen Verhältnisse«[33], mit »bizarren Einfällen«[34] und »tollen Narrenstreichen«[35], mit »Scherzreden«[36] und »bitterer Ironie«[37]. Auf der anderen Seite ist Kreisler ein »vernünftiger, ruhiger«[38] Mann, der zudem durch »ein sanftes weiches Gemüt«[39], eine große »Empfindsamkeit«[40], einen »schalkisch scheinenden Humor«[41] und einen »Scherz, der sich aus der tiefen Anschauung des menschlichen Seins erzeugt«[42], geprägt ist.

Was Brahms an der Figur des Johannes Kreisler im Einzelnen interessiert und fasziniert hat, lässt sich schwer sagen. Ganz deutlich aber ist, dass Brahms ab 1853 eine lang anhaltende Phase intensiver Beschäftigung und Auseinandersetzung mit dem Werk E.T.A. Hoffmanns durchläuft. Er lebt in und mit diesen Werken, und dies nicht von ungefähr. Zu dieser Zeit steckt Brahms in einem Selbstfindungsprozess. Er ist auf der Suche nach sich selbst, als Mensch wie als Komponist. Er ist nicht nur unsicher, was die Qualität und den Rang seiner Kompositionen angeht, sondern ihm ist auch nicht klar, welche Rolle er in der Gesellschaft einnehmen kann und soll, was er sein will und sein kann. Oft ist er uneins mit sich. In dieser Situation entdeckt er die Figur des Johannes Kreisler. Sie ist für ihn eine Identifikationsfigur, die sowohl seiner Selbstvergewisserung und -bestätigung wie auch als Maske und der Selbststilisierung dient. Kreisler wird sein anderes Ich. So schreibt er einmal: »Ich habe oft Streit mit mir, das heißt, Kreisler und Brahms streiten sich.«[43] Solch ein direkter Bezug wird jedoch nur äußerst selten greifbar. Ansonsten lässt sich dieser nur an solchen Stellen ablesen, an denen sich Brahms in kreislerhafter Weise äußert und von Situationen und Verhältnissen berichtet, in denen sich Kreisler auch oft befindet.

Wie kommt es zu dieser Identifikation? Als Brahms zusammen mit dem Geiger Ede Remény (= Eduard Hoffmann) am 19. April 1853 auf seine erste Konzertreise geht, weiß er noch nicht, dass er kurz vor Weihnachten als ein Anderer nach Hamburg zurückkehren und die Welt mit anderen Augen sehen wird. In der Begegnung mit zahlreichen Musikliebhabern, ausübenden Musikern und Komponisten lernt er sich selbst kennen; er wird kritischer und weltoffener und weitet seinen Horizont. Aber er ist sich seiner selbst auch nicht mehr sicher. Das wirkt noch lange nach. Zwar fühlt er sich, nach Hamburg zurückgekehrt, dort immer noch besonders glücklich,

22 HW I, S. 26.
23 HW III, S. 345.
24 HW III, S. 368.
25 Ebenda, S. 349.
26 Ebenda, S. 368.
27 Ebenda, S. 422.
28 Ebenda, S. 372.
29 Ebenda, S. 452.
30 Ebenda, S. 329.
31 Ebenda, S. 184.
32 Ebenda.
33 Ebenda, S. 329.
34 Ebenda, S. 243.
35 Ebenda, S. 279.
36 Ebenda, S. 375.
37 Ebenda, S. 376.
38 Ebenda, S. 207.
39 Ebenda, S. 182.
40 Ebenda, S. 279.
41 Ebenda, S. 297.
42 Ebenda, S. 330.
43 BWSB I, S. 9.

insbesondere wenn er auf den Wällen und in den Straßen spazieren gehen und seine Familie besuchen kann, aber sein bekanntes gesellschaftliches Umfeld ist ihm fremd geworden. Selbst bei seiner Familie wird es ihm nicht nur räumlich zu eng, weil man seine Bedürfnisse als Komponist nicht wahrnimmt. So schreibt er am 24. Oktober 1853 an Clara Schumann: »Ich kann mich in mein früheres Leben nicht wieder finden. […] Ich habe jetzt ziemlich alle alten Bekannten wiedergesehen, wie war ich doch früher so wahrhaft bescheiden, jeder Laffe, glaubt' ich, sei klüger als ich; ich schaudere oft zusammen, wenn ich sie wiedersah, es kam mir vor, als klebten sie recht im Kote fest, und als sei ich doch eigentlich recht rüstig weit von ihnen gegangen.«[44] Dies ist keine Momentaufnahme. Ein Jahr später, am 21. Oktober 1854, legt er noch einmal nach mit Worten, direkt und deutlich wie selten: »Meine früheren Bekannten sind mir noch widerlicher geworden, ich begreife mein früheres Leben nicht.«[45] Konkret sieht dies so aus: In einem Brief vom 30. November 1854 nennt er den Leiter der Philharmonischen Konzerte, Friedrich Wilhelm Grund, einen »alten, vertrockneten Philister […], der seit 20 Jahren alles Musikleben in Hamburg tötet«[46]. Über seinen ehemaligen ansonsten geschätzten Klavierlehrer Eduard Marxsen heißt es neun Monate später: »Bei Hr. Marxsen war ich, wo ich mich jedoch bedeutend ärgerte, er ist doch der am wenigst Künstlerische hier.«[47] Und über einige weitere Bekannte schreibt er im selben Brief: »Avé schwafelt freilich nur, Grädener und Otten sprechen freilich nur über sich, wenn sie von der Kunst sprechen, aber Hr. M[arxsen] kann gar nicht leicht zur Musik kommen, sondern bleibt viel früher hängen.«[48] Auf der anderen Seite macht Brahms aber auch positive Erfahrungen. So spielt er seinem ehemaligen Lehrer verschiedene Klavierwerke Robert Schumanns, die er im September 1853 bei der Familie Wilhelm Deichmann in Mehlem kennengelernt hatte, vor, und dieser lobt ihn mit der Bemerkung, so schön wie die *Symphonischen Etüden* habe er noch nichts gespielt, er sei ganz darin aufgegangen. Wenig später spendet ihm Georg Dietrich Otten »warmes Lob«[49] für seine Kompositionen opp. 5, 9 und 11. Und fast ein Jahr später, am 8. Dezember 1855, kann sich Brahms darüber freuen, dass er nahezu jeden Abend im privaten Kreis aus den *Symphonischen Etüden* op. 13 und die Zyklen *Carneval* op. 9, *Davidsbündlertänze* op. 6 sowie *Kreisleriana* op. 16 vorspielen darf.

Aber es ist nicht nur der Zwiespalt zwischen den eigenen Wünschen und dem eigenen Wollen und seinen Erfahrungen, der Brahms zu dieser Zeit zusetzt, es ist auch die Feststellung, dass er nicht zum Komponieren kommt bzw. zum Komponieren, wie er es möchte. So klagt er gegenüber Clara Schumann am 12. August 1855, dass es ihn traurig mache, dass er gar nicht mehr wisse, »wie man komponiert, wie man schafft«[50], und später im Brief heißt es, er könnte krank werden vor Sehnsucht nach einem neuen, frischen Ton. »Sie müssen immer bei mir bleiben als mein guter Engel«, bittet er sie gegen Schluss, »dann wird gewiß aus mir, was werden soll und kann«.[51]

Hilfe in dieser Situation bietet ihm E.T.A. Hoffmanns Johannes Kreisler, in dem er sich spiegelt. So nennt er sich »Kreisler, Johannes Kreisler der jüngere«[52] im Gegensatz zu seinem Namensvetter im *Kater Murr*, den er »Kreisler senior«[53] nennt, und »Johannes Kreisler II«[54]. Für seine 1854 abgeschlossene Sammlung von Aussprüchen von Dichtern, Philosophen und Künstlern wählt er den Titel *Des jungen Kreislers Schatzkästlein,* und auf dem Vorsatzblatt des Verzeichnisses seiner Bücher macht er den Besitzvermerk »Johs. Kreisler jun., Hamburg Januar 1854«. Schließlich zeichnet er sechs Jahre später, am 30. April 1860, eine für seinen Hamburger Frauenchor angefertigten humorvollen Verhaltenskodex, *Avertimento* genannt, mit »Johannes Kreisler jun., alias: Brahms«.

Sein Freund Julius Otto Grimm hatte bei der Benutzung des Namens Kreisler für Brahms offenbar weniger Bedenken als Joseph Joachim. So redet er Brahms in Briefen vom Dezember 1853 sowie vom August und Oktober 1854 mit »Mein lieber Johannes Kreisler junior!«[55] oder »Du wonniger Kreisler«[56] und »Du viellieber Kreisler!«[57] an. Ja, Grimm zeichnet, ins Komisch-Spielerische gewendet, sogar einen Brief an den Verleger Bartholf Senff für Brahms und unterschreibt mit »Jean de Krösel le jeune. J. O. Grimm. Secretarius und Plenipotentiarius des divino Giovanni Brahmino-Kröselino juniore«[58]. In einigen weiteren Briefen aus dem Jahr 1854, die

44 BWSB I, S. 24.
45 Ebenda, S. 23.
46 Ebenda, S. 41.
47 Ebenda, S. 139.
48 Ebenda, S. 140.
49 Ebenda, S. 49.
50 Ebenda, S. 122.
51 Ebenda, S. 123.
52 Ebenda, S. 95.
53 Ebenda, S. 16.
54 BBW XIV, S. 8.
55 BBW IV, S. 1.
56 Ebenda, S. 2.
57 Ebenda, S. 4.
58 BBW XIV, S. 8.

an Joseph Joachim gerichtet sind, verleiht er Brahms gar kreislerhafte Züge, indem er beispielsweise am 9. März schreibt: »Kreisler ist der wunderherrlichste Mensch. Kaum entzückt er uns durch sein *Trio*, so hat er schon wieder drei Sätze einer Sonate für zwei Flügel fertig, die mir noch himmelhöher vorkommen.«[59] Und am 10. November heißt es: »Kreisler – unser blonder Freund ist der würdigste Kaffer,

denn er ist glückselig und toll.«[60]

Die Namensgebung ›Kreisler‹ kommt nicht von ungefähr. Sie hat etwas mit den Freundschaftsbünden und Klubs zu tun, die seit Beginn des 19. Jahrhunderts unter kunstbegeisterten jungen Leuten blühten. Man lebte Literatur. So nennen sich Grimm und Brahms nach dem gemeinsam in Düsseldorf verlebten Jahr, als sich beide um den erkrankten Robert Schumann und seine Familie kümmerten, die »1854er«[61]. Im selben Jahr gründen sie einen »Kaffern-Bund«[62], zu dem alle gehören, auch längst Verstorbene wie z. B. Mozart, die auf dem Gebiete der Kunst Höchstes geleistet haben. Ein Jahr später feiern sie im Gedenken an Robert Schumann einen »Eusebiustag«[63]. Und noch 1858 gründen Grimm, seine Frau und Agathe von Siebold einen »Johanniter-Orden«[64] und feiern in Nachahmung von E.T.A. Hoffmanns *Die Serapionbrüder* das, was sie »Serapionistische-Donnerstage«[65] nennen und an denen sie gemeinsam musizieren und singen – und dabei an Brahms denken.

Ein letztes Mal bezieht sich Brahms in beziehungsreicher Weise auf Johannes Kreisler, als er sein *Ave Maria* op. 12 veröffentlicht, und zwar auf eine Szene im ersten »Kapitel«, das der Biographie Kreislers im *Kater Murr* gewidmet ist. In diesem »Kapitel«, das in einem deutschen Zwergstaat spielt, geht es um ein im barocken Stil arrangiertes Fest, das anlässlich des Geburtstages der Fürstin veranstaltet werden und im Park, der das Lustschloss umgibt, stattfinden soll. Als eine der Attraktionen ist die Aufführung eines vom Fürsten Irenäus verfasstes allegorisches Theaterstück vorgesehen. Meister Abraham, verantwortlich für die Durchführung des ganzen Festes, hält dieses Stück für läppisch. Deshalb will er während dessen Aufführung im Hintergrund ein »Geisterschauspiel«[66]

59 BBW V, S. 27.
60 Ebenda, S. 71.
61 BBW IV, S. 20.
62 Ebenda, S. 14.
63 Ebenda, S. 30.
64 Ebenda, S. 66.
65 Ebenda, S. 65.
66 HW III, S. 144.

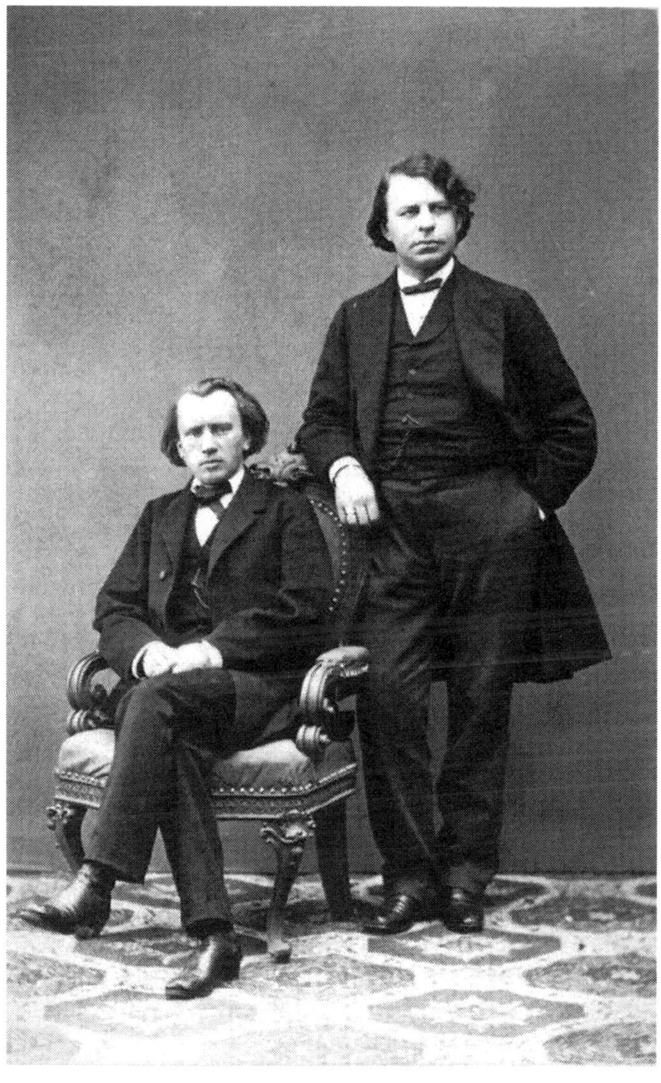

Johannes Brahms (sitzend) und Joseph Joachim, 1867
Fotografie im Visitformat, Klagenfurt
(Brahms-Institut an der Musikhochschule Lübeck)

veranstalten, dessen Held Kreisler sein und das zugleich der »Verherrlichung des Himmelskindes, der holden Julia«[67], der von Kreisler geliebten Tochter der Rätin Benzon, dienen soll. »Hauptschlag«[68] seines Plans ist die imaginäre Vereinigung der beiden mit dem Ziel, ihr beiderseitiges Schweigen von ihrer gegenseitigen Liebe zu brechen. Dabei soll ihm Kreislers Komposition *Ave maris stella*, das Julia

diesem in Engelsgestalt im Traum vorgesungen und das er bei Erwachen aufgezeichnet hat, als »Sprache der Seele«[69] helfen. Da Kreisler jedoch vor Beginn des Festes aus unerklärten Gründen wie ein Wahnsinniger fortgelaufen ist, kann Abraham seinen Plan nicht wie intendiert durchführen. Bevor schließlich ein Feuerwerk als abschließende Attraktion stattfinden kann, kommt es zu der folgenden Szene, von der Abraham im Nachhinein Kreisler berichtet: »In dem Augenblick vernahm ich, daß mein Ariel mit jener Fantasmagorie begonnen, die alles, alles entscheiden sollte, denn ich hörte am Ende des Parks in der kleinen Marienkapelle den Chor dein ›Ave maris stella‹ singen. Ich eilte schnell hin. Julia und die Prinzessin knieten in dem Beichtstuhl, der vor der Kapelle im Freien angebracht. Kaum war ich an Ort und Stelle, als – aber du fehltest – du fehltest, mein Johannes!«[70] Diese Szene, die vieles offen lässt, ließ Brahms in einer graphischen Umsetzung durch seinen Verleger Rieter auf das Deckblatt seines *Ave Maria* setzen.[71]

Mehr oder weniger direkt beziehen sich auf diese Szene einige der wenigen Äußerungen, in denen sich Brahms direkt mit Kreisler vergleicht und auf *Kater Murr* zu sprechen kommt. So schreibt er am 16. Juni 1855 an Clara Schumann, der er dieses Werk vorgelesen hat: »Hat denn Ihr Hof [in Detmold] einige Ähnlichkeit mit dem in Kater Murr?: Eine Julia ist da! Und das Reich ist wohl so niedlich, daß der Fürst von seinem Balkon aus die vier Wände sehen kann. Aber wir wollen vor allem die zwei Julien und Kreisler nicht weiter vergleichen, sonst kommen merkwürdige Unterschiede!«[72] Was es mit den zwei Julien auf sich hat, lässt Brahms offen. Eine der vielen Mystifikationen und Ambiguitäten, die Brahms so liebte?

67 HW III, S. 144.
68 Ebenda.
69 BWRS, S. 58.
70 HW III, S. 144.
71 Hierauf hat mich freundlicherweise Frau Prof. em. Gudrun Jalass aufmerksam gemacht.
72 BWSB I, S. 118.

Brief III

An Friederike Wagner

Detmold, Ende September 1859

Detmold Ende Sept. 59
Verehrtes Fräulein,
Nichts angenehmer, als so schön genöthigt sein einen Brief zu schreiben wie ich es jetzt bin.

Ich denke stets der freudigen Überraschung mit der ich das unter Blumen reizend versteckte Schreibzeug, das Andenken an den Frauenchor, erblickte.

So wenig habe ich es verdient, daß ich mich schämen würde, hoffte ich nicht darauf noch manche Note für Sie zu schreiben; und wirklich, es werden schönere Klänge um mich tönen, wenn ich das liebe und schöne Geschenk auf meinem Schreibpult sehe. Wollen Sie doch Allen, die Sie erreichen können, meinen herzlichen Gruß und Dank sagen.

Mir ist selten eine angenehmere Freude geworden, wie überhaupt unsre Versammlungen mir eine der liebsten und lieblichsten Erinnerungen sein werden.
Doch dies hoffentlich erst in späteren Jahren!
Sie u. die Ihrigen bestens grüßend
Ihr
herzlich ergebener
Johs. Brahms

Dieser artige, stilsichere und zugleich etwas förmliche Brief, der wie aus einem Briefsteller entnommen scheint, richtet sich an Friederike (»Friedchen«) Wagner. Brahms unterrichtete sie zwischen 1855 und 1858 am Klavier, wann immer er für längere Zeit in Hamburg war.

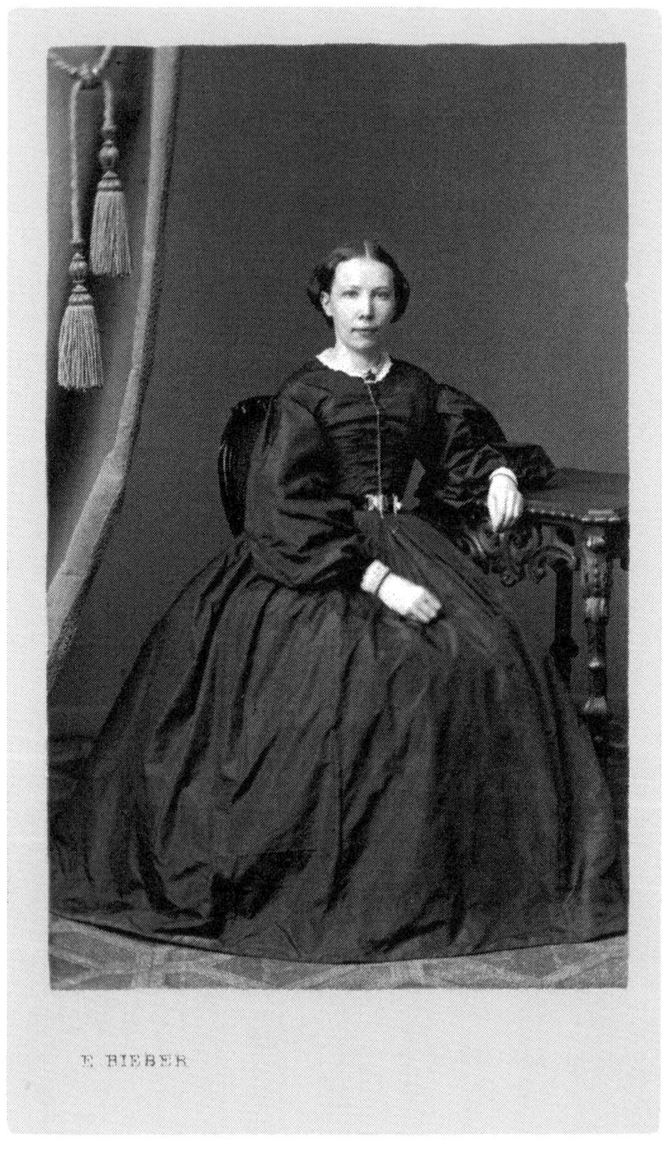

Friederike Wagner
Fotografie von E. Bieber, Hamburg
(Brahms-Institut an der Musikhochschule Lübeck)

Gegenüber Clara Schumann nennt er sie »meine liebste Schülerin«[1] und charakterisiert sie als »ein äußerst liebenswürdiges, bescheidenes und musikalisches Mädchen«[2] und fügt hinzu: »Sie ist die Haupt-Begründerin meines Vereins hier, und wir singen in ihrem Hause.«[3]

Mit dem Verein ist ein Frauenchor gemeint, den Brahms auch seinen »Hamburger Frauenchor«[4] oder eine »kleine Gesang-Republik«[5] nennt. Dieser »Singverein«[6], der anfangs aus 28 jungen Frauen, zumeist im Alter von Anfang bis Mitte Zwanzig, bestand – Brahms nennt sie wiederholt »meine Mädchen«[7] – wuchs im Laufe weniger Wochen auf 40 Mitglieder an. Es war der 6. Juni 1859, als diese zu einem ersten Übungstreffen im Hause von Friederikes Vater, des Auktionators Hermann Wagner, in der Pastorenstraße 16 hinter der Hauptkirche St. Michaelis zusammenkamen. Bei diesem Treffen wie bei allen weiteren, die später einmal wöchentlich und abwechselnd in den Häusern einiger der beteiligten jungen Damen bis in den Mai 1861 stattfanden, erhielt Brahms nicht nur die Gelegenheit, die für den Chor komponierten Werke einzustudieren und dabei auszuprobieren, sondern sich gleichzeitig als Chordirigent zu üben und zu profilieren.

Diese Zusammenkünfte, die von diversen geselligen Aktivitäten begleitet wurden, musste Brahms dann Ende September unterbrechen, weil er im Oktober und November seinen Verpflichtungen am Hofe von Lippe-Detmold nachkommen musste. Diese bestanden darin, Prinzessin Friederike im Klavierspiel zu unterrichten, den adligen Hofchor zu leiten, als Pianist und Dirigent bei Hofkonzerten aufzutreten und an musikalischen Soireen am Hofe teilzunehmen. Sein Chor trennte sich nur schweren Herzens von ihm. Als Dank für die schöne gemeinsame Zeit und »zum Andenken an den Sommer 59«[8] bekam Brahms anlässlich des Abschlusskonzertes in der St. Petrikirche am 26. September 1859 von den Chormitgliedern das silberne Schreibzeug geschenkt, von dem in diesem Brief die Rede ist.

Interessant zu erfahren ist, was dieser so formvollendete Brief an Friederike Wagner nicht mitteilt oder verschweigt. Er enthält nämlich nur die Hälfte der Geschichte um das silberne Schreibzeug.

1 BWSB I, S. 264.
2 Ebenda.
3 Ebenda.
4 BWSB I, S. 281.
5 HÜB, S. 23.
6 BWSB I, S. 206.
7 Ebenda, S. 273.
8 Ebenda, S. 281.

Man könnte ihn die ›offizielle‹ Danksagung des Komponisten nennen. Die ›inoffizielle‹ sieht nämlich ganz anders aus. Der Brief vom 9. Oktober 1859, gerichtet an zwei weitere Chorsängerinnen, ist in einem völlig anderen, lockeren und zwanglosen Ton gehalten und sprunghaft in der Anlage. Brahms möchte nur »plaudern«[9] und merkt zum Schluss an, dass er »ziemlich geschwatzt«[10] habe. Der lockere Ton zeigt sich sogleich bei der Anrede »Verehrteste, liebe Freundinnen«[11] und in dem dann folgenden fröhlichen Ausbruch »Ein wundervoller Sonntagmorgen! Mit Lust denke ich an den Tag«[12].

Mit den verehrtesten, lieben Freundinnen sind Auguste Brandt und ihre Nichte Bertha Porubszky gemeint, beide Mitglieder des Frauenchors. Bertha Porubszky war eine aus Wien stammende Pastorentochter, die bei ihrer Tante in Pension lebte. Sie war nach Hamburg gekommen, um ihre vielversprechende Stimme bei Carl Grädener, unter anderem Gesangslehrer, ausbilden zu lassen. Im Hause ihrer Tante Auguste Brandt, Böckmannstraße 9, war Brahms zwischen 1858 und 1862 häufig zu Gast, aß dort zu Abend und musizierte. So lernten sich beide kennen.

Bertha Porubszky war sicherlich ein wichtiger Grund, warum Brahms immer wieder die Gastfreundschaft von »Tante« Brandt suchte. Gegenüber Clara Schumann bekennt er: »Ich werde Dir dann in Detmold von dem schönsten Mädchen in meinem Verein erzählen.«[13] Sie war im Übrigen diejenige, die das Geschenk nicht nur initiiert, sondern auch mit Blumen dekoriert und ein beiliegendes Billet geschrieben hatte. Dass letzteres von ihr stammte, hatte Brahms schon am Abend des Empfanges zu wissen geglaubt und in späteren Briefen durch die »schöne Schrift«[14] bestätigt gefunden. Da er sich, wie er vielsagend schreibt, »aus mehreren Gründen«[15] bei »Fräulein Wagner«[16] in aller Form bedankt und damit dem Anstand Genüge getan hat, kann er sich in dem Brief vom 9. Oktober 1859 auf eine formlose und persönliche Weise äußern. Das klingt so: »Ei, für solch Geschenk mag ich arbeiten, ich wollte und wünschte es gäbe keine andern Honorare.«[17]Aber damit nicht genug. Der verliebte Brahms lässt, wie befreit, seinen Gefühlen freien Lauf, ja er jubiliert geradezu, wenn es an anderer Stelle des Briefes heißt: »Seit einem Jahr sah ich so schöne Natur nicht. Viel hat sich seitdem geändert. Doch war ich ganz selig. Ich dachte nur Musik. Ich bin verliebt in die Musik, ich liebe die Musik, ich schreibe wieder Liebeslieder und nicht an A–J [A–Z] sondern an die Musik. Wenn das so fortgeht kann ich zu einem Accord verduften und in die Lüfte verschweben.«[18] Hier fließen Naturerlebnis, Musik und Liebe in romantischer Weise ineinander und zu einer Gesamterfahrung zusammen, wo das Eine das Andere schöpferisch belebt und beflügelt – ganz wie etwa in den Werken Joseph von Eichendorffs, den Brahms als Autor sehr schätzte.

Während Brahms' Aufenthalt in Detmold entspann sich dann ein reger Briefwechsel zwischen ihm und Bertha Porubszky, worunter mancher »Doppelbrief«[19] und, eindeutig genug, auch der eine oder andere »zart Bebänderte«[20] war. Aus Schicklichkeitsgründen der damaligen Zeit lief die Korrespondenz immer über die Adresse von Auguste Brandt und fand so im Geheimen statt. Das aber konnte Brahms von seinem Selbstverständnis her nicht verstehen. Zu jener Zeit 26-jährig und wohl nicht bedenkend, dass seine Briefpartnerin erst 17 Jahre alt war und in der Obhut ihrer Tante lebte, um deren gesellschaftliches Ansehen es dabei ebenso ging, fragt er Bertha am 25. Oktober 1859: »Weshalb machen Sie aber ein Geheimnis aus unserm angehenden Briefwechsel? Wenn mich Jemand früge, was garnicht unmöglich, könnte ich ihn doch nicht verläugnen?«[21] Einen Monat später hat er aber wohl eingesehen, dass er die Situation zu sehr aus seiner persönlichen männlichen Warte betrachtet hatte und muss der »Frau Tante«[22] Recht geben, dass der Briefwechsel notgedrungen geheim bleiben muss. Dieser währte dann allerdings nur wenige Monate. In seinem Brief vom Januar 1860 äußerte Brahms die Hoffnung, sie in Hamburg wiederzusehen. Doch weitere Begegnungen zwischen beiden fanden, soweit man weiß, dort nicht statt. Dies geschah erst, als Brahms im September 1862 nach Wien kam. Dort wurde Bertha Porubszky, inzwischen verlobt mit dem Kaufmann Arthur Faber, eine der ersten Kontaktpersonen in der ihm noch fremden Stadt und zudem eine seiner ersten Förderinnen.

9 BST 8, S. 64
10 Ebenda, S. 65.
11 Ebenda, S. 64.
12 Ebenda.
13 BWSB I, S. 276.
14 BST 8, S. 64.
15 Ebenda, S. 65.
16 Ebenda.
17 Ebenda.
18 Ebenda.
19 Ebenda, S. 67.
20 Ebenda, S. 64.
21 Ebenda, S. 67.
22 Ebenda.

Der Kontakt zu Friederike Wagner, seit 1869 mit Kurt Sauermann verheiratet, riss nie ab. Noch im Februar 1893, als Brahms für eine knappe Woche in Hamburg weilte, besuchte er sie und schrieb darüber an Clara Schumann: »Höchst angenehm war mir ein behagliches Stündchen bei Friedchen«[23], die wiederum über seinen Besuch sehr beglückt war.

23 BWSB II, S. 503.

Brief IV

An Johann Jakob Brahms

Baden-Baden, 21. Oktober 1865

Geliebter Vater, als ich Deinen Brief öffnete und drei Seiten beschrieben fand, habe ich doch mit einigem Herzklopfen die Nachrichten erwartet, die Dich so viel schreiben ließen? Da war ich denn nun auch überrascht, aber doch vor allem überrascht, daß ich es nicht schon erwartet hatte!

Liebster Vater, tausend Segen und so heiße Wünsche für Dein Wohl, wie ich sie immer für Dich hege, begleiten Dich auch hier. Wie gern säße ich jetzt bei Dir, drückte Dir die Hand und wünschte Dir so viel Glück, wie Du es verdienst – das wäre mehr, als für ein Erdenleben nötig ist.

Auch dieser Schritt ist ja nur ein schönes Zeugnis für Dich und sagt, wie Du das glücklichste Familienleben verdient hast.

So kann ich denn auch einen betrübenden Gedanken nicht loswerden. Wäre es, wie es sein sollte und wie Du es um uns verdient hast, so wohnten wir glücklich beisammen und Du hättest nie erfahren dürfen, daß das Leben öde und leer sein kann. Du weißt, weshalb ich nicht wohl in Hamburg bleiben konnte, doch hättest Du mir statt der Sache nur eine Absicht mitgeteilt, ich müßte meinem Herzen folgen und würde Dir vergelten und ersetzen, was Du entbehrst.

Doch ist es nun beschlossen, so gebe Gott seinen reichsten Segen dazu. Empfiehl mich der künftigen Mutter und sage ihr, sie könnte keinen dankbareren Sohn als mich haben, wenn sie meinen Vater glücklich macht. Ich werde sie wohl nicht kennen, denn Du schreibst ihren Namen nicht. Sie ist kinderlos?

Ich denke, und jetzt natürlich viel ernstlicher, im Dezember zu Dir zu kommen. Doch für's erste schreibst Du noch und auch noch ausführlicher, Du kannst doch denken, wie mich jedes Wort interessiert und nach wie vielem ich fragen möchte.

Ob sie etwa eine Landsmännin, ob sie Kinder hat, wo sie wohnt, wie lange Du sie schon kennst usw.

Übereilen wirst Du Dich nicht – aber wie kann ich mich unterfangen, und wie kann man überhaupt einem Manne raten wollen! Du weißt ja, wie wichtig, wie schwierig der Weg ist!

Und doch kann ich Dir nicht sagen, wie gern ich dort wäre und hätte sie zuerst sehen können und kennen lernen und mich der Wahl freuen. Jetzt kann ich nur Deinen Entschluß natürlich und recht finden, mich sehr bekümmern, daß wir Kinder ihn entstehen lassen konnten und dann doch, wie natürlich, recht unruhig die Erwählte mir vorstellen.

Ich bleibe noch acht Tage hier, später adressiere nach: Karlsruhe, beim Herrn Kapellmeister H. Levi. Aber frankiere. Ich gehe bald in die Schweiz, wo ich in Zürich und Basel Konzert habe, dann in Karlsruhe, am 12. Dezember in Köln. Alsdann komme ich wohl mit Herzklopfen nach Hamburg. Schreibe also vielleicht noch hierher. Soviel Zeit wie möglich wirst Du doch wohl warten?

Da soll freilich nicht viel sein.

Sei also vielmal gegrüßt.

In herzlicher Liebe Dein Sohn Johannes

Was Du für mich ausgelegt (Bach) laß Dir doch durch Fritz von Elisen geben, ich bitte.

Als Johannes Brahms Anfang Juni 1864 nach Hamburg kommt, findet er seine Eltern in schwerem ehelichen Zerwürfnis vor. Er versucht zu vermitteln, zu versöhnen, was ihm aber nicht gelingt. Die Eltern trennen sich und ziehen, nachdem der Vater zunächst ausgezogen war und die Mutter und die Tochter in der bisherigen gemeinsamen Wohnung in der Hohen Fuhlentwiete Nr. 74 zurückgelassen hatte, in von Brahms finanzierte getrennte Quartiere. Brahms' Schwester Elise, die sich wegen der Trennung der Eltern mit ihrem Vater überworfen hat, zieht zusammen mit ihrer Mutter in die damalige Vorstadt St. Georg, eben außerhalb der Stadtmauer, in die Lange Reihe Nr. 42, der Vater in die Mitte der Stadt, in die Großen

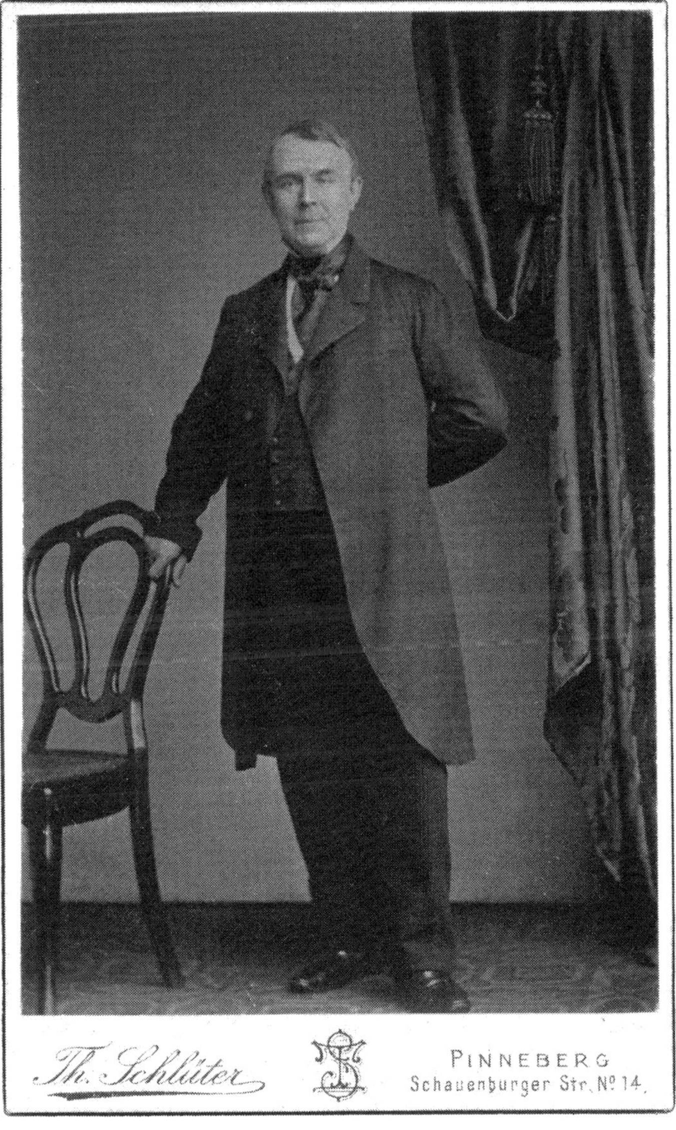

Johann Jakob Brahms, um 1862
Fotografie von Th. Schlüter, Pinneberg
(Brahms-Institut an der Musikhochschule Lübeck)

Bleichen Nr. 80, von wo er die Spielstätten seines musikalischen Wirkens als Hornist im Jäger-Bataillon des Bürgermilitärs und als Kontrabassist wie als Flötist im Orchester der Philharmonischen Gesellschaft leicht zu Fuß erreichen kann. Brahms hofft, dass sich die getrennten Eltern gelegentlich gegenseitig besuchen werden, und bittet, als Anlass für solche Besuche, die Briefe, die er an beide Seiten

schickt, gegenseitig zu lesen zu geben, was aber zu seinem Bedauern nicht geschieht. Das Weihnachtsfest feiern der Vater auf der einen, die Mutter, der Bruder Fritz und die Schwester Elise auf der anderen Seite getrennt voneinander. Brahms, seit dem 10. Oktober abermals in Wien, wohnhaft in der Singerstraße Nr. 7, 7. Stiege, 4. Stock, verbringt den Weihnachtsabend allein. Da er nun kein ihm vorbehaltenes Zimmer mehr bei den Eltern hat, ist er gleichsam heimatlos, »nirgends daheim«[1], wie er Joseph Joachim bekundet. Und an Hermann Levi schreibt er am Ende des Jahres aus Baden-Baden: »Ich bin hier, weil ich nirgend anders bin, und wenn man eigentlich nirgend ist, ist es hier recht hübsch.«[2]

Am 2. Februar 1865 erreicht Brahms dann ein Telegramm seines Bruders, das lautet: »Wenn Du unsere Mutter noch sehen willst komme gleich.«[3] Brahms reist von Wien an, kommt aber zu spät. Die 76-Jährige ist inzwischen an den Folgen eines Schlaganfalls verstorben. Bald nach ihrer Beerdigung auf dem St. Michaelis Begräbnisplatz vor dem Dammthore am 5. Februar reist Brahms nach Wien zurück. Von dort und anderen Orten aus hält er, so häufig es geht, Kontakt zu Vater und Schwester.

In den Briefen an den Vater erweist sich Brahms als fürsorglicher, liebevoller, anhänglicher, empathischer und schließlich verständnisvoller Sohn, der sich um das seelische Befinden, den Gesundheitszustand, die finanzielle Situation und die Arbeit als Musiker und Mitglied des Bürgermilitärs kümmert und sich Sorgen macht. Und wenn er seine Briefe z. B. mit den Grußformeln »Herzlichst Grüße ich Dich Dein Johannes«[4] oder »Ganz Dein zärtlicher Sohn Johannes«[5] schließt, so spiegeln diese genau das wider. Auf der anderen Seite fordert er den Vater immer wieder auf, ihm genau und ausführlich zu berichten, wie es in Hamburg geht. Dazu macht er etwas, was in seiner gesamten Korrespondenz nur höchst selten vorkommt: Er schreibt über eigene Konzerterfolge und die positive Aufnahme seiner Kompositionen sowie von seinem Vergnügen am Spielen und am Auftreten in der Öffentlichkeit, und dies, damit der Vater sich keine Sorgen seinetwegen zu machen braucht. Das alles geschieht in Briefen, die ganz adressatenbezogen sind. Sie sind inhaltlich nicht durchgeformt, sondern bestehen vorwiegend aus Aussagen und Fragen zu einer Vielfalt von Themen, die sich aus dem Alltagsleben ergeben.

Ein durchgängiges Thema ihrer Korrespondenz ist das Thema Geld. Die Einkünfte des Vaters sind saisonabhängig und durchweg schmal. Deshalb bietet Brahms ihm immer wieder Geld an, das der Vater auch gern annimmt. Das geht, in abgewandelter Form, immer mit der Aufforderung einher, das Geld nicht zu sparen, sondern es auszugeben; es soll nicht der Befriedigung des täglichen Bedarfs dienen. So heißt es im August 1864: »Spare nicht das Geld, was ich Dir gegeben habe, es braucht nicht bis Neujahr zu reichen.«[6] Und kurz vor Weihnachten 1866, da ist der Vater schon wieder verheiratet, schreibt er an ihn: »Ich lasse heute 20 Napoleons an Dich abgehen. Davon besorge doch 10 (durch Heinrich) an Elise und die 10 übrigen – damit macht Euch die Feiertage recht lustig. Dazu reicht's wohl. Nötig hast Du es hoffentlich nicht zu sehr und es wird recht vergnügt bloß zur Lust ausgegeben.«[7] Hintergrund für den wiederholten Wunsch des Sohnes, der Vater möge das übersandte Geld zum Vergnügen verwenden, sind eigene Erfahrungen. Brahms weiß sehr wohl, wie es ist, wenn die finanziellen Mittel nur zum Nötigsten reichen. Auch zu dieser Zeit, als er seinem Vater so großzügig Geld zukommen lässt, steht Brahms selbst finanziell nicht gut da. So schreibt er beispielsweise Ende Oktober 1865 an seinen Freund Julius Stockhausen, sein »Geldbeutel« leide an einer »Schwindsucht ohn' Aufhören«[8]. Hermann Levi, ein anderer Freund, der auch von den vielfältigen Problemen hört, bietet Brahms folglich freigebig Geld an, damit dieser »den Kopf wenigstens von materiellen Sorgen«[9] frei hat und ungehindert seiner Aufgabe als Komponist nachgehen kann.

Die erneute Heirat kündigt Johann Jakob seinem Sohn in einem Brief vom

1 BBW VI, S. 34.
2 BBW VII, S. 17.
3 KST 1973, S. 107.
4 CF, S. 22.
5 Ebenda.
6 Ebenda, S. 13.
7 KST 1973, S. 124.
8 BBW XVIII, S. 44.
9 BBW VII, S. 26.

14. Oktober 1865 an. Er schreibt darin, dass er das Familienleben, auch wenn es nicht immer glücklich gewesen sei, vermisse und ihm das gegenwärtige Leben »öde und leer«[10] vorkomme. Deshalb wolle er sich wieder verheiraten. Da er befürchtet, der Sohn könne darüber befremdet sein, wirbt er in diesem Brief bei ihm um Verständnis und Akzeptanz für diesen Schritt sowie für die vom ihm getroffene Wahl. »Sie ist Witwe«, schreibt er, »und im Alter 41 Jahre«.[11] Darauf reagiert Brahms eine Woche später mit seinem hier wiedergegebenen Brief vom 21. Oktober 1865. Erst sehr viel später erfährt er, dass es sich bei der Witwe um Karoline, geb. Paasch, verw. Schnack, verw. Pomplun handelt. Sie ist 18 Jahre jünger als der Vater und stammt aus Neustadt in Holstein. Ihr zweiter Ehemann ist wie Brahms' Mutter ebenfalls 1865 verstorben. Als Brahms am 11. Januar 1866 für einen dreiwöchigen Aufenthalt nach Hamburg kommt, lernt er seine zukünftige Stiefmutter kennen. Näheres über die weitere Planung des Paares erfährt er offensichtlich nicht. Das legt der Brief vom 13. Februar nahe, in dem er bei seinem Vater anfragt: »Liebster Vater, nun muß ich so viel in Gedanken fragen, wie es denn bei Euch steht? Ob Du eine Braut oder eine Frau hast, daß ich recht ungeduldig bin.«[12] Da er den Stand der Dinge nicht kennt, schickt er vorab einen Glückwunsch, der besagt: »[…] so viel Freude und Gutes mag Euch werden, wie es nur Menschen vertragen können.«[13] Am 12. März teilt ihm der Vater schließlich mit, dass die Trauung am 22. März »von Herrn Pastor Rüpke vom St. Jacobi-Kirchspiel vollzogen«[14] werden soll. Und er wünscht sich, dass der Sohn dabei ist: »Es würde uns gewiß sehr viel Freude machen, wenn wir Dich an dem Tage auch in unserer Mitte hätten.«[15] Dazu kommt es aber nicht. In seinem Brief vom 13. Februar hat er dies bereits angedeutet. Dort heißt es am Schluss des Briefes: »Doch hoffe ich, rechtzeitig zu hören, damit ich in Gedanken mit Euch anstoßen kann.«[16] Warum er an der Trauung und der Hochzeitsfeier nicht teilnimmt, begründet er nicht. Einen triftigen Grund, wenn man darunter an Konzertverpflichtungen oder an Reisekosten denkt, gibt es nicht. So kann man nur vermuten, dass er sich, trotz aller guten Wünsche, die er an den Vater schickt, mit der neuen Situation noch nicht befreunden kann, auch weil er den Tod der Mutter noch nicht verwunden hat, von der er einmal gegenüber Clara Schumann gesagt hat:

»Die Mutter möchte ich immer mitnehmen können.«[17] Allerdings sendet er am Vortage der Trauung Glückwünsche aus Karlsruhe mit dem Hinweis: »Doch wenn man sich lieb hat, wie wir uns, lieber Vater, da fühlt man wohl den Andern um sich – ist er auch einige Meilen weit entfernt.«[18] Ein knappes halbes Jahr später, am 16. August, schickt er zusammen mit seinem Brief zehn Napoleondors, etwa 160 Mark, als nachträgliches Hochzeitsgeschenk an die beiden, damit der Vater und die »neue Mutter«[19], wie er sie nennt, »immer flott leben« können. Dass er die Stiefmutter schließlich nicht nur voll akzeptiert, sondern auch schätzen gelernt hat, zeigt ein zwei Tage später aus Baden-Baden an den Vater abgesandter Brief, in dem es heißt: »[...] es ist mir eine wahre Wonne, Dich mir jetzt so glücklich vorstellen zu können, ich bin der Mutter so dankbar dafür!«[20]

10 CF, S. 23.
11 Ebenda.
12 KST 1973, S. 117.
13 Ebenda.
14 Ebenda, S. 118.
15 Ebenda.
16 Ebenda.
17 BWSB I, S. 27.
18 CF, S. 26.
19 Ebenda.
20 KST 1973, S. 122.

Brief V

An Julius Stockhausen
Wien, zwischen dem 22. und 28. Februar 1877

Lieber Freund,
Herzlichen Glückwunsch zu dem neuen Johannes und besten Dank daß Ihr an mich dachtet als Ihr ihm den schönen Namen gabet. Ich freue mich der Gevatterschaft – fühle ich mich gleich nicht recht würdig eines so ehrbar-bürgerlichen u. christlichen Amtes.

Und doch bin ich nicht ununterrichtet in dem was die Taufe angeht u. kann Dir vielleicht, da es für diesen Fall zu spät kommt, für folgende ganz gute Rathschläge geben.

Z. B. wenn Dir wie mir das kalte Wasser nicht angenehm scheint: »Da einer der abwesend war, schrifftlich durch einen andern fragen ließ, ob man auch mit warmen Wasser taufen möchte? Sprach Doctor Martin Luther Antwortet dem Tropfen, Wasser sei Wasser, es sei kalt oder warm.

Oder: wie denn, wenn kein Wasser fürhanden were, sondern nur Bier oder Milch, ob mans in der Not auch damit tauffen möchte? – Da saß Dr. M. L. lange in gedanken, endtlich sagt er, des muß man Gottes Gerichte befehlen, doch alles was Bad genant kan werden, das dienet u. taugt auch zur Tauffe.

Du siehst, unsre Theologen vergessen Manches u. Du kannst Dich in zweifelhaften Fällen getrost an mich wenden!

Nun aber hoffe es geht der Mutter u. dem Kleinen fortdauernd gut. An vornehme Wiegenlieder sind deine Kinder gewöhnt! Dieser muß sich nun wohl an [Noten-Zitat aus der *Missa solemnis*[1]] gewöhnen, wie der Aeltere an die 9te[2]?

Aber – verzeih – ich habe ja meine Unwürdigkeit zu so ernstem Geschäft gestanden – nächstens versuche ich einen ehrsamen, lehrreichen Gevatter-Brief!
Herzlichste Grüße u. Wünsche
von Deinem Johs: Brahms.

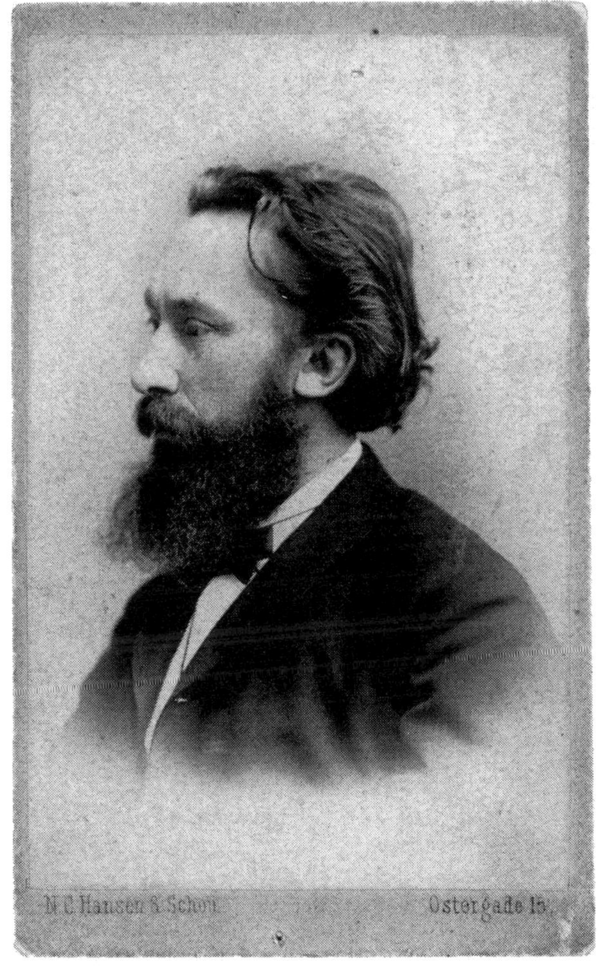

Julius Stockhausen, 1868
Fotografie von N. C. Hansen & Schon, Kopenhagen
(Brahms-Institut an der Musikhochschule Lübeck)

1 Fugenthema aus dem Credo der *Missa solemnis* von Ludwig van Beethoven auf die Worte »et vitam venturi« (= Ich erwarte das Leben der zukünftigen Welt).

2 Gemeint ist die *Neunte Symphonie* von Ludwig van Beethoven.

Ein besonderes Zeichen der engen Verbundenheit zwischen Johannes Brahms und den mit ihm befreundeten Familien war deren Wunsch, ihn als Paten ihrer Kinder zu gewinnen. So wurde er unter anderen 1864 Pate des am 12. September 1864 geborenen ersten Kindes von Amalie und Joseph Joachim, einem Jungen. Diese nannten ihn nach seinem Paten Johannes.

Gleiches geschieht sieben Jahre später. Unter dem 21. Februar 1877 sendet, »in alter Liebe«[3], Julius Stockhausen zusammen mit seiner Ehefrau Clara an seinen Freund Johannes Brahms folgende gedruckte Anzeige: »Am Sonntag den 11. Februar wurden wir durch die Geburt eines kräftigen Knaben erfreut. Er soll heißen: Johannes.«[4] In dem Begleitschreiben dazu heißt es dann: »Daß der kleine Bürger, (eingeschrieben ist er bereits) auch ohne deine Erlaubniß Johannes heißen darf, wirst du zugeben. Dass er aber nach dir so heißt oder heißen soll das will ich heute melden. Willst du uns die Freude und die Ehre erweisen Pathe zu seyn? Willst du ihm deinen Namen geben?«[5] Da Stockhausen um die in vielen Dingen begrenzte Entschlussfreudigkeit seines Freundes weiß, schickt er hinterher, dass eine Reise von Wien nach Berlin einer Taufe wegen zu aufwendig sei, er also nicht kommen müsse. Was aber notwendig sei, sei eine schriftliche Bestätigung seiner Einwilligung. Das Wörtchen Ja werde ihn und seine Ehefrau glücklich machen. Und um Brahms zusätzlich zu einer Zustimmung zu motivieren, fügt er nicht nur hinzu, dass der Dichter Theodor Fontane sein »Mit-Pathe« sein werde, sondern dass er, Brahms, »unser größter Musiker«[6] sei. Darauf antwortet Brahms mit dem zwischen dem 22. und 28. Februar 1877 verfassten Brief, der zugleich seine Glückwünsche wie seine Zustimmung zur Patenschaft und seinen Dank für die Namensvergabe enthält.

Inzwischen hat Stockhausen offenbar seine Meinung hinsichtlich der Teilnahme von Brahms an der Taufe geändert und schreibt ihm, auch im Namen seiner Frau, am 16. März: »Mann Gottes! Es ist nicht zu spät für die Taufe. Sie soll erst am 2 April am Ostermontag seyn. Bist du dann in unserer Gegend?«[7] Und er fügt ergänzend hinzu: »Als ächter Täufer solltest du bei unseres Johannes Taufe seyn. [...] Gieb uns Antwort; aber wieder eine gelehrte, auf Bach & Luther's Sprüchen fussend.«[8] Wenige Tage später, am 18. oder 19. März, sagt Brahms jedoch mit einer für ihn typischen Begründung ab. Schon in seinem »Gevatter-Brief«[9] vom 22./28. Februar hat er, seiner Neigung folgend, sich scherzhaft als unbürgerlich dazustellen, seine »Unwürdigkeit zu so ernstem Geschäft«[10] hervorgehoben. Diesen Gedanken greift er hier noch einmal auf, indem er, aus der *Pfalz-Neuburgischen Kirchenordnung* von 1570 zitierend, Folgendes schreibt: »Es soll auch, beide von Eltern u. Pfarherrn fürsehung geschehen, das zu Gevattern des Kindestauff, nicht leichtfertige Personen, so in offentlichen Lastern unbußfertig verhafft, sondern christliche u. Gottesfürchtige Leut angenommen werden, damit nicht durch der Gevattern unehrbarkeit – – – «[11] Abschießend heißt es: »Nun wirst Du es mindestens für ein kleines Glück halten, daß ich doch nicht selbst dabei sein kann – .«[12]

Offenbar nicht wissend, dass die Taufe vom 2. April auf den 20. Mai, Pfingstsonntag, verlegt worden ist, sendet Brahms am 1. April einen Brief mit seinen von Herzen kommenden besten Wünschen. Beigefügt hat er ein Albumblatt mit der Widmung »Zum fröhlichen Ostermontag 1877 J. B.«[13]. Dies enthält, da er kein zum Anlass passendes Wiegenlied gefunden hat, die autographe Abschrift seines Liedes op. 71, Nr. 1 auf ein Gedicht von Heinrich Heine mit dem Titel *Es liebt sich so lieblich im Lenze* – keine ungefähre Wahl, eher eine kleine Hommage an seinen Freund Stockhausen, der dies Gedicht ebenfalls vertont hat. Zum Pfingstsonntag sendet Brahms schließlich ein Telegramm an die Mutter des Täuflings, Clara Stockhausen, das lautet: »Gedanken und Wuensche herzlich dort – selbst kommen leider unmoeglich – Brahms.«[14]

Wann und wie oft Brahms sein Patenkind gesehen hat, ist nicht überliefert. Am 10. Juli 1884, als Johannes Stockhausen siebeneinhalb Jahre alt ist, schreibt sein Vater an Brahms: »Wann sehen wir Pathe Brahms wieder, fragt der Kleine? Willst Du es bald verrathen?«[15] – Kinder jeden Alters mochten Johannes Brahms, waren immer um ihn herum, wohl weil er mit »Kindern selbst wie ein Kind«[16] war und ihnen eine »warme Zärtlichkeit«[17] entgegenbrachte.

3 BBW XVIII, S. 124.
4 Ebenda, S. 123.
5 Ebenda, S. 124.
6 Ebenda.
7 Ebenda, S. 126.
8 Ebenda.
9 Ebenda, S. 125.
10 Ebenda.
11 Ebenda, S. 128.
12 Ebenda.
13 Ebenda, S. 130.
14 Ebenda, S. 131.
15 Ebenda, S. 158.
16 AD, S. 39.
17 Ebenda, S. 50.

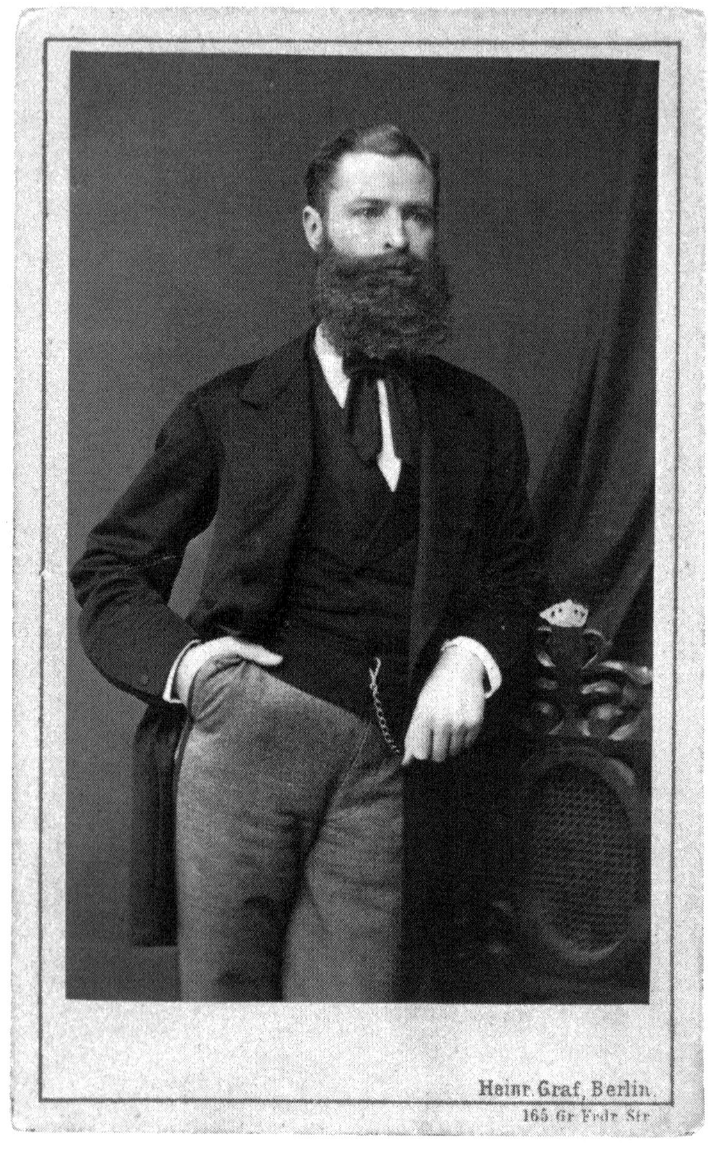

Fritz Simrock, 1871
Fotografie von Heinr. Graf, Berlin
(Brahms-Institut an der Musikhochschule Lübeck)

Brief VI

An Fritz Simrock

Preßbaum, 19. September 1881

L.[ieber] S.[imrock],
Sie hätten jawohl eigentlich alles Recht, sehr auf mich zu schelten? Seit längster Zeit sind Sie der musterhafteste beste Verleger, und ich bin nicht musterhaft dankbar ergeben. Es würde sehr unklar herauskommen, wollte ich versuchen, Ihnen zu erklären, was aussehen mag, als wollte ich bisweilen unabhängig sein, und als dächte ich bisweilen an die Zeit, wo Sie endlich genug von meinen Noten haben. Nur eines ist klar; es muß auch Ihnen klar sein, daß dies eine eben alle Unruhe schafft, und daß Sie deshalb wenigstens niemals mein Betragen schlecht oder falsch deuten dürfen.

Dies eine ist das leidige Geldverhältnis, wie es zwischen Musikern und Verlegern leider noch üblich ist. Wir Musiker werden darin wie Kinder und Unmündige behandelt, wir wissen nicht im geringsten, was und wie eigentlich bezahlt wird, ob wir beschenkt werden oder schenken, rauben oder beraubt werden. (Ich eile zu sagen, daß ich Ihnen gegenüber nur die Furcht habe, Ihnen unrecht zu tun!) Sie müssen doch begreifen, daß dies ein unbehagliches Gefühl ist, namentlich gerade, wenn man, wie ich, nicht zu klagen, nur zu bedenken und zu fürchten hat.

Ich habe ja keine Ahnung, ob Sie riskieren, ob Sie auf die Zukunft zu rechnen haben, sich also sehr irren können. Sie müssen notwendig einsehen, daß das keine Gemütlichkeit aufkommen läßt. Warum können wir Musiker nicht das gleiche Verhältnis zu den Verlegern haben wie die Schriftsteller? G. Freitag [sic!] weiß doch, warum und wofür er Geld kriegt. Alsdann kann einem ja gar nicht einfallen, an einen andern als den längst befreundeten und bewährten Verleger zu denken? Usw. Ich wiederhole nur, daß dadurch kein leisester Schatten auf Ihren herrlichen Verlegercharakter fällt, und daß dies auch kein Versuch sein soll, die Sache noch zu ändern.

Aber unrecht ist es, daß ich bei meiner Beliebtheit nicht diese Änderung durchgesetzt habe. Ich bin aber zu unpraktisch, zu faul, zu schwer von Entschluß – und bei meiner traurigen Solo-Stellung persönlich eben nicht interessiert – Unrecht aber ist es doch.

Also: nun haben Sie das Konzert [op. 83], und ich wünsche,
daß Sie es gut verdauen. Es war sehr gut gemeint – wenn Sie obiges
52 sich überlegen – daß ich grade den Brocken an Peters geben wollte. Die Nänie gebe ich ihm so ungern – daß ich es vermutlich nicht
tun werde.

Als Honorar dachte ich für das Konzert 9000 M[ar]k. wie für das Violinkonzert, und wenn es Ihnen bei diesem nicht nachträglich ein barer Unsinn scheint, so können Sie es hier gern riskieren! Doch sagen Sie es ehrlich, der Geldpunkt kann uns nicht auseinanderbringen!

Nun bitte ich dringend, daß Sie das Konzert noch nicht anzeigen, auch nicht die Nänie, falls ich sie Ihnen geben sollte, nicht anzeigen, ehe ich sage, daß ich P.[eters] irgend unnütze Lieder oder was gegeben habe. Klagen aber dürfen Sie nicht über Dr. A.[braham], er hat mich mit keinem Wort erinnert.

Ich schicke nächstens die Violinstimmen, weiter wird vor der Hand nichts gestochen! Noch ein Wort wegen der zweihändigen Ouvertüren [opp. 80 und 81], die ich nächstens beilege. Das ist reine Geschäftssache, Sie müssen wissen, ob es nötig ist und verlangt wird. K[eller] ist ein vortrefflicher Mann und macht alles so fleißig und ordentlich, daß man nicht tadeln kann. Aber brauche ich Ihnen zu sagen, daß ein zweihändiges Arrangement von ihm den Philister zeigt, und daß es einen irgend geistreichen Spieler nicht interessieren kann? Derartiges von Bülow oder Kirchner (siehe: Arrangements von Liszt) haben gleich ein anderes Gesicht. Ich wollte ändern, aber das geht nicht, man kann nur neu schreiben.

Also tun Sie, was das Geschäft verlangt – aber benutzen Sie mich nicht, um den braven Keller zu kränken!

Die Kiste [mit Verlagsprodukten] habe ich uneröffnet gelassen, da ich sie lieber gleich so nach Wien schicken werde. Ich kann ja nicht anders als herzlich danken, daß Sie auch für mich solchen Schmuck [Prachteinband] an die Ouvertüren gewandt haben – aber wenn Sie sich nun ausmalen, welche Freude * z. B. hätte, wenn er seine Werke so sähe, kommt Ihnen dann nicht der Gedanke, daß Sie Ihre Güte an einen Unwürdigen verschwenden, wenn sie mir gegönnt wird? Schließlich – möchten Sie mir ganz gelegentlich besorgen und schicken per Kreuzband: J. V. Widmann: Rektor Müslins italienische Reise. (Zürich, Schmid.)

Am 16. Oktober denke ich in Meiningen anzufangen! Nämlich das Konzert unter Bülow tüchtig zu üben und zu probieren …

… Endlich Addio und herzlichen Gruß von
Ihrem
J. Br.

Randnotiz zum Sternchen auf Seite 52 unten:
Stellvertretend für dieses Sternchen könnte zum Beispiel Max Bruch genannt werden. Johannes Brahms hatte zu ihm als Komponist wie als Mensch ein zwiespältiges Verhältnis, das über die Jahre hinweg seinen Ausdruck in einer gegenseitig schwankenden Wertschätzung fand. Beide sahen im anderen in gewissem Grade einen Konkurrenten, auch bei ihrem gemeinsamen Verleger Fritz Simrock. Dieser schreibt z. B. am 7. Februar 1879 an Brahms: »Auch mit dem Honorar [für die *Klavierstücke* op. 76] was immer rarer wird, bin ich überaus einverstanden: – Herr Gott! Wenn Bruch das wüßte: er dreht mir mit dem Strick der Glocke [Chorwerk *Das Lied von der Glocke* op. 45, 1879, nach Schiller] den Hals ab […].«[1] Als es 1892 abermals um die Ehrendoktorwürde in Cambridge geht – Bruch ist anstelle von Brahms ›aufgerückt‹ –, schreibt dieser an Simrock: »Und Bruch darf man zum Dr. gratulieren!? Der Hut ist aber ein gewendeter! (Unter uns: er war auch diesmal mir angeboten, mir und Verdi; dieser kann wegen hohen Alters, und ich wegen niedriger Honorare die Reise nicht dran wenden).«[2] Ähnlich äußert er sich noch einmal am 27. Dezember 1892.[3]

1 WEF, S. 138.
2 BBW XII, S. 87.
3 Ebenda, S. 92.

Im Laufe seines Komponistenlebens hatte es Johannes Brahms mit sechs Musikverlagen zu tun: Breitkopf & Härtel in Leipzig, Bartholf Senff in Leipzig, J. Rieter-Biedermann in Winterthur und Berlin, F. Simrock in Bonn und Berlin, C.F. Peters in Leipzig sowie C.A. Spina in Wien.

»Erstlings-Verleger«[4] wurde die Firma Breitkopf & Härtel, zu der Zeit »unstreitig die bedeutendste und angesehenste Musikalienverlagshandlung, nicht bloß in Leipzig, sondern auch in ganz Deutschland«[5], so Wilhelm Altmann. Es war Robert Schumann gewesen, der Brahms, insbesondere in den Briefen vom 13. Oktober und vom 3. November 1853, an die Firma vermittelt hatte. In diesen Briefen bittet er die Firma nicht nur, die von ihm aufgeführten Brahmsschen Werke in Verlag zu nehmen, sondern stellt zugleich Honorarforderungen. Umgehend ist der Verlag bereit, die Werke zu drucken, und fordert Schumann auf, er möge Brahms zur Einsendung der Werke veranlassen. Das macht Brahms am 8. November, allerdings nur mit dreien der von Schumann genannten vier Werke. Vierzehn Tage später erklärt sich der Verlag bereit, die Werke zu verlegen, und zwar zu den Konditionen, die Schumann ihnen angegeben hat. Dazu bemerkt der Verlag allerdings, dass die Honorarforderungen ungewöhnlich hoch seien und Brahms sie nicht als feststehend ansehen möge. Rundherum abgelehnt wird jedoch der Wunsch Schumanns, Brahms möge, wenn sich der »merkantilische Erfolg« seiner Werke als »bedeutend« herausstellen sollte, eine »Nachzahlung« bekommen, das heißt am Verkaufserfolg beteiligt werden.[6] Damit konnte Brahms erst einmal leben. Aber wie der Brief an Fritz Simrock vom 19. September 1881 zeigt, hat ihn diese Frage offenbar nie losgelassen.

Nachdem Brahms am 18. April 1858 Rieter sein *Klavierkonzert* op. 15 angeboten hat, ohne Reaktion, versucht er dies Werk nebst einigen anderen zwei Jahre später, am 17. Mai 1860, durch die Firma Breitkopf & Härtel verlegen zu lassen. Seinem Freund Joseph Joachim hat er zwei Monate zuvor dazu geschrieben: »Ich muß endlich die Sachen vor dem Sommer los sein. Ganz entschieden.«[7] Entsprechend heißt es an Raimund Härtel: »Ich beabsichtige in nächster Zeit einige neue Werke zu veröffentlichen und fühle lebhaft den Wunsch, einige derselben in Ihrem geehrten Verlage erscheinen zu lassen.«[8] Das sind die Werke opp. 11, 13, 14 und 15.

Dieser Brief sowie auch der vom 2. Juni wie vom 4. Juli an die Gebrüder Härtel zeigen, dass Brahms, was den Umgang mit Verlegern angeht, inzwischen eine Menge (dazu) gelernt hat. Immer wieder spricht Brahms in seinen Briefen von seiner »unpraktischen Natur«[9] und behauptet: »Ich bin ein sehr unpraktischer Mensch.«[10] Das mag für diverse Fälle im Alltagsleben gelten, und wenn er sich für einen »argen Dilettanten in Geldsachen«[11] ausgibt, so stimmt das sogar. Aber wenn er von sich sagt »Ich verstehe nichts vom Geschäft«[12] und »Ich richte mich nach dem, was mir geboten wird«[13], ja meint »Ich bin immer zu bescheiden und nachgiebig, namentlich in praktischen Dingen, in denen ich mir gar wenig zutraue«[14], so gehören solche Aussagen im Laufe der Zeit zur Brahmsschen Verhandlungsstrategie mit den Verlagen. So unkundig und unbedarft wie er sich gibt, ist er nicht; vielmehr entwickelt er zunehmend ein Verhandlungsgeschick, das man umgangssprachlich gewieft nennt. So lernt er sehr schnell, den Verlagen zu schmeicheln oder sie gegeneinander auszuspielen, mit seinen Angeboten je nach Lage der Dinge großzügig oder zurückhaltend aufzutreten, seinen Marktwert einzuschätzen und entsprechende Honorarforderungen zu stellen. Dazu gehört schließlich auch, dass er seine Werke als durchaus erfolgsversprechend anpreist. Als er Rieter die Lieder opp. 56 und 57 anbietet, schreibt er dazu: »Ich verlasse mich dabei [den Honorarforderungen] auf die Freunde und Sänger, welche behaupten, ich sei sehr guter Laune gewesen, als ich die ›Lieder‹ machte«.[15] Und im Schreiben an Simrock im Zusammenhang mit dem *Schicksalslied* op. 54 meint er: »Das Stück ist sonst recht praktisch und scheint besonders zu packen, auch kann sich Chor und Orchester gut darin zeigen usw.«[16] Später, als Honorarfragen keine Rolle mehr spielen und die Verhandlungen hin und wieder halbspielerischen Charakter annehmen, so wie bei den Werken opp. 99 bis 101, kann es dann auch einmal gegenüber Fritz Simrock so heißen: »Das Honorar dürfen Sie gern bedeutend herabsetzen, es ist Ausverkaufsware.

4 BBW XIV, S. 245.
5 Ebenda, S. VII.
6 Ebenda, S. 3.
7 BBW V, S. 259.
8 BBW XIV, S. 32.
9 BBW IX, S. 61.
10 BBW XI, S. 148.
11 BBW XIV, S. 221.
12 BBW XI, S. 136.
13 BBW X, S. 28.
14 BBW XIV, S. 401.
15 Ebenda, S. 199.
16 BBW IX, S. 103.

Mich gehts aber nicht an, wie sie sich ruinieren.«[17] Aber das ist auch schon wieder ein Teil der Strategie.

Als Brahms am 2. Juni 1860 ein weiteres Mal auf sein Angebot vom 17. Mai zurückkommt, ist die Lage noch eine andere. An Raimund Härtel schreibt er: »Ich bemerke vor allem, daß ich noch über keines meiner neuern Werke verfügt habe, mir auch die Verbindung mit Ihnen viel zu wert ist, als daß ich nicht vor allem Ihnen die Auswahl, soweit es irgend angeht, überließe.«[18] Er bietet die Werke opp. 11, 12, 13, 16 sowie op. 15 an, jetzt, gleichsam als Köder, »ein großes Klavier-Konzert«[19] genannt. Honorarforderungen stellt er bewusst nicht. Dr. Hermann Härtel schluckt diesen Köder. In seiner Antwort vom 4. Juli heißt es: »Am liebsten würden wir von den größeren Werken das ›Konzert‹ übernehmen, denn ein neues Pianofortekonzert von Bedeutung würde in gegenwärtiger Zeit wohl willkommen sein.«[20] Das bedeutet aber noch keine Übernahme. Brahms wird vielmehr gebeten, das Manuskript einzureichen, damit der Verlag Einsicht nehmen und sich ein Urteil bilden kann, ob das Werk verkaufsversprechend ist. Zugleich soll er eine Honorarforderung stellen. Das alles macht Brahms. Die Antwort ist dann enttäuschend für ihn. Als man im Verlag versucht, das Konzert durch einen musikalischen Vortrag kennenzulernen, stellt man fest, wie es im Schreiben heißt, »daß es dasjenige ist, welches Sie vor 1½ Jahren hier im Gewandhaussaale vortrugen.«[21] Das war die Aufführung am 27. Januar 1859 mit Brahms am Klavier, die ein voller Misserfolg wurde. Daraus schließt man im Verlag, daß, wie es heißt, »wir nicht hoffen dürfen, mit diesem ›Konzerte‹ im Publikum durchzudringen«[22]. Deshalb ist man von Seiten des Verlages weder bereit, dieses Konzert – noch die anderen von Brahms angebotenen Werke – zu verlegen. Brahms bedauert in seinem Antwortschreiben, dass der Verlag »so wenig Vertrauen«[23] in sein Konzert setzt, lässt sich aber nicht entmutigen. Noch am selben Tag, dem 13. August, bietet er Rieter das Klavierkonzert und die Werke opp. 12 bis 14 an, geht in seinen Honorarforderungen gegenüber denen an Breitkopf & Härtel pro Werk um 2 Friedrichsdors herunter bzw. bei einem um 2 hinauf, fordert damit also insgesamt 42 Friedrichsdors. Als Rieter, am 24. August noch einmal um eine Antwort gebeten, endlich zusagt, dass er alle vier Werke übernehmen will, kommt ihm Brahms, die

Konditionen betreffend, in seinem Schreiben vom 29. August noch einmal auf mehrfache Weise entgegen. Er gesteht Rieter zu, dass das Klavierkonzert »ein etwas schwieriges Unternehmen«[24] sei, zumal die jetzige Pianisten-Generation wegen ihrer Einstellung nicht an seinen Sachen interessiert sein könnte. Deshalb ist er bereit, noch einmal mit seinen Honorarforderungen von insgesamt 42 auf 40 Friedrichsdors für alle Werke zusammen herunterzugehen. Ja, am Schluss des Briefes heißt es sogar: »Gehen Sie also ungeniert noch etwas unter 40 Friedrichsdor hinunter, wenn Ihre Bedenken zu groß werden.«[25] Das macht Rieter aber nicht. Er verlegt 1861 alle vier Werke und bezahlt Brahms die verlangten 40 Friedrichsdors.

Auch wenn Brahms über die Brüder Härtel, Hermann und Raimund, nach einem Vorspielen zweier seiner Werke in Leipzig im November 1853 sagen konnte: »Sie sind doch köstliche Leute, so herzlich und warm«[26], so blieb ihre Beziehung, soweit es aus den Briefen hervorgeht, doch geschäftsmäßig-nüchtern. So ist es auch verständlich, dass die Veröffentlichung von seinen Werken durch den Verlag auf 13 Werke beschränkt blieb und mit dem Opus 31 im Jahr 1864 endete. Das Verhältnis zu Fritz Simrock, der schließlich sein Hauptverleger wurde, war ein ganz anderes: ein vertrauensvoll-offenes, persönlich-herzliches, freundschaftlich-zugewandtes – wenn auch nicht immer unproblematisches und spannungsfreies. Auf der einen Seite großzügig, verständnisvoll und entgegenkommend, konnte Simrock auf der anderen auch ein harter Geschäftsmann sein.

Was ihn von den Gebrüdern Härtel unterschied, war, dass er eine Entdeckergabe für junge Talente hatte. So ›entdeckte‹ er auch Brahms bei dessen erstem Besuch in Berlin 1868, was ein engeres Geschäftsverhältnis zur Folge hatte. Weitere Besuche von Brahms in Berlin, bei denen er bei Familie Simrock wohnte, und Besuche Simrocks in Wien vertieften über die Jahre die freundschaftliche Beziehung. Ausdruck davon ist auch ein Angebot von Brahms an Simrock, das dieser mit Betroffenheit entgegennahm – und ablehnte. So schreibt Brahms am 2. Oktober 1885 an Simrock: »Wenn mir das Menschlichste

17 BBW XI, S. 141.
18 BBW XIV, S. 34f.
19 Ebenda, S. 35.
20 Ebenda, S. 36f.
21 Ebenda, S. 41.
22 Ebenda.
23 Ebenda, S. 43.
24 Ebenda, S. 48.
25 Ebenda, S. 49.
26 BBW V, S. 15.

passieren sollte (ich also nicht mehr mitreden könnte), dann soll Ihnen die [4.] Symphonie ohne weiteres gehören, d.h. geschenkt sein in Partitur- und Klavier-Arrangement, wie sie da liegt. Sonst aber will ich mir's noch überlegen!«[27] Schließlich ist auch eine gemeinsame Italienreise zu erwähnen, die im Frühjahr 1887 stattfand.

Wie gesagt, bei aller Freundschaft blieb Simrock doch auch immer Geschäftsmann. Wie sein Selbstverständnis aussieht, beschreibt er in seinem Brief an Brahms vom 11. Februar 1884: »Mit der Honorarfrage [es geht um die *Dritte Symphonie*] könnten Sie mich in Verlegenheit setzen, wenn ich nicht wüßte, daß Sie überzeugt sind, wie ich – geschäftlich gesprochen – wenigstens ein ehrlicher Mensch zu sein glaube. Der ideelle Wert dieses – oder eines wahren Kunstwerkes überhaupt – läßt sich weder schätzen und noch viel weniger bezahlen. Was ich bezahlen kann und – bei Ihnen in erster Reihe und ernstlich nach besten Gewissen will – das ist der materielle, der geschäftliche Wert; eine Kapitalanlage, die sich, wie jede andere in Geschäften verzinsen soll.«[28] Und später im Brief heißt es: »Aber Eines wollen Sie gütigst gelten lassen: ich zahle – und zwar stets mit ehrlicher Freude – das, was sie verlangen und ich wünsche nur, daß ich dazu die unzähligsten Gelegenheiten hätte!«[29] Was die Honorarfrage anbelangt, so hatte Simrock Brahms mit Beginn ihrer geschäftlichen Beziehung gebeten, Honorarangaben zu machen; es wäre ihm nämlich peinlich gewesen, hätten sie darin differiert. Brahms wiederum war es gar nicht recht, eine Forderung stellen zu müssen; er wollte in Geldsachen nicht »das erste Wort haben«[30]. Als Brahms am 2. Januar 1869, also am Anfang ihrer engeren Beziehung, für die vierhändige Version der ersten beiden Hefte der *Ungarischen Tänze* je 40 Friedrichsdors verlangte, meinte Simrock allerdings: »Ihre Honorare sind teuer – aber ich bezahle sie Ihnen gern und in der Hoffnung, daß sie mir auch die anderen gewünschten und erhofften Manuskripte zukommen lassen.«[31] Aber in der Tatsache, dass er der Forderung nachkommt, zeigt sich hier, wie auch am Schluss des Briefes vom 11. Februar 1884, das geschäftliche Kalkül, dass Brahms, wenn er bekommt, was er verlangt, auch weiterhin dem Verlag treu sein wird. Und darauf kam es Simrock unter anderem an.

Er wusste natürlich, dass Brahms seine Werke auch bei anderen Verlagen veröffentlichte, so beim Verlag C.F. Peters in Leipzig.

In diesem sah Simrock seinen stärksten Konkurrenten. In seinem Bemühen, alle Werke Brahms' »unter [s]einer Flagge zu vereinigen«[32], waren ihm viele Mittel recht. Eines davon waren die Honorare, bei denen sich beide Verlage gegenseitig zu überbieten versuchten. Während Dr. Max Abraham, Inhaber von C. F. Peters, für die *Erste Symphonie* 5.000 Mark bot, bot und zahlte Fritz Simrock für diese, einschließlich des vierhändigen Klavierauszugs, 15.000 Mark. Diese Konkurrenz wurde bei der Vergabe des *Zweiten Klavierkonzertes* op. 83 und der *Nänie* op. 82 besonders deutlich.

Als Simrock durch eine Indiskretion im Verlagshaus Peters erfährt, dass Brahms neue Werke veröffentlichen will, wendet er sich sofort brieflich an Brahms und schreibt: »Ich verrate nix und ahne leider nix – es müßte denn ein Klavierkonzert sein? Was es aber auch sei, so ist's willkommen; wenn Sie nur schicken wollen!!«[33] Brahms ärgert sich zwar, dass das »Geschäftsgeheimnis«[34] bei der Firma Peters ausgeplaudert worden ist, bedeutet Simrock aber, dass er in diesem Falle gegenüber Dr. Abraham Wort halten müsse, weil er ihn Simrocks wegen mehrfach habe »schändlich aufsitzen lassen«[35]. Allerdings bleibt Brahms, oft nicht entscheidungsfreudig, wie er selbst bekennt, hier nicht konsequent genug. Er schreibt nämlich an Simrock: »Etwas anderes wäre, wenn Sie gerade eine besondere Sehnsucht nach [dem] Klavierkonzert hätten und lieber sähen, wenn ich Dr. A. statt dessen von den nächsten Opera, die jedenfalls kleiner, auch wohl jedenfalls früher herauskommen, gebe!?«[36] Und anschließend macht Brahms gleichsam einen Rückzieher, indem er fortfährt: »Sie sollten doch ehrlich sein und sich bedanken, daß ich ein Klavierkonzert z. B. an Ihnen vorbeigehen lasse! Ich darf aber wirklich nicht anders, es wäre lächerlich und unverschämt.«[37] Darauf reagiert Simrock einen Tag später, am 9. August 1881: »Das Klavierkonzert hätte ich allerdings ganz besonders gerne; ganz besonders ungern hätte ich natürlich aber auch, daß doch andere Opera in Dr. As Hände gerieten – jetzt doppelt ungern – da man – wer, weiß man natürlich nie! – bereits kolportiert, auch Sie wollten sogar

27 BBW XI, S. 103f.
28 WEF, S. 191.
29 Ebenda, S. 192.
30 BBW X, S. 28.
31 WEF, S. 47.
32 Ebenda, S. 209.
33 Ebenda, S. 168.
34 BBW X, S. 180.
35 Ebenda, S. 181.
36 Ebenda.
37 Ebenda, S. 181f.

nichts mehr mit mir als Verleger zu schaffen haben.«[38] Im weiteren Verlauf des Briefes gesteht Simrock Brahms zwar zu, dass dieser gegenüber Dr. Abraham Wort halten müsse, bittet ihn aber gleichzeitig, es so einzurichten, dass er das Klavierkonzert bekomme. Und er schließt: »Sie sind mir immer freundlich gesinnt gewesen – seien Sie's auch jetzt und – bleiben Sie mir's in alle Zukunft.«[39] Eine Woche später, Simrock ist inzwischen im Urlaub, hakt er noch einmal nach: »Ich vergaß in meinem letzten Briefe – (von München) – zu bitten, daß, wenn es denn durchaus mit Abraham einmal sein muß – Sie's mit diesem einen Mal abschließen möchten? Die Geschichte geht mir nämlich herzlich nahe und macht mir wirklich schwere Stunden.«[40] Darauf geht Brahms erst einen Monat später ein – und wieder kann sich Brahms nicht entscheiden. Auf der einen Seite heißt es: »Am Klavierkonzert hat er einstweilen genug!«[41] Aber im übernächsten Satz scheint die Sache noch gar nicht entschieden: »Vielleicht mag P.[eters] überhaupt kein Konzert, oder ist es ihm zu teuer, sonst hielte ich es für besser, wir ließen ihm das. Ich darf ihm wohl einmal die Wahl lassen? da sie Ihnen«, so dreht er die Sache um, »schwer zu werden scheint, und es doch einmal sein muß«.[42] Aber schließlich kann sich Brahms offenbar doch durchringen und eine Entscheidung treffen. Das Telegramm, das er am 17. September an Simrock schickt, lautet: »Also haben Sie es. Brahms.«[43]

Vor diesem Hintergrund ist der Brief vom 19. September 1881 zu lesen, den Brahms seinem Verleger aus seinem Urlaubsort Preßbaum bei Wien schreibt.

Mit der Entscheidung, das *Zweite Klavierkonzert* schließlich doch an Simrock zu geben, hat sich Brahms, wieder einmal, in eine für ihn unangenehme Situation manövriert. In seinem Brief an Dr. Abraham vom 23. September entschuldigt er sich für diese Entscheidung, indem er sie, aus Verlegenheit oder schlechtem Gewissen, ins Komische zieht und so tut, als habe er Dr. Abraham damit gleichsam einen Gefallen getan: »Ich hatte die gute Absicht, Ihnen von meiner Musik gleich zentnerweise ins Lager zu schaffen – indem ich Ihnen ein enorm großes Klavierkonzert anbieten wollte. Herr Simrock ist Ihnen aber ein viel zu freundlich gesinnter Kollege. Er will das schwere Kreuz durchaus auf sich nehmen und für Sie tragen! Da kann ich nun nichts machen, als Ihnen einstweilen ein ganz kleines zierliches anbieten.«[44] Dabei handelt es sich um *Nänie* op. 82. Dr. Abraham zeigt sich über das Angebot enttäuscht und erfreut zugleich, bezahlt die 3.000 Mark Honorar, die Brahms gefordert hat, und hofft, in Zukunft ein umfänglicheres Werk zu bekommen. Um dies zu befördern, macht er ihm folgendes Angebot: »Damit jedoch künftig in unserer Korrespondenz von Honorar gar nicht mehr die Rede ist, bin ich so frei, einige [Vertrags-]Formulare beizufügen, die Sie gefl. unter Angabe des Honorars jedesmal ausfüllen und mit den Manuskripten übersenden wollen, worauf Ihnen sofort das Honorar ohne weitere Bemerkung zugehen wird.«[45] Davon macht Brahms jedoch, seinem Wesen entsprechend, nie Gebrauch.

Obwohl Brahms, wie beim *Zweiten Klavierkonzert*, Simrock in vielen Fällen geschäftlichen Dingen entgegengekommen ist und dieser bisher mit Brahms' Kompositionen ein gutes Geschäft gemacht hat, trifft sein im vorliegenden Brief gemachter Vorschlag, den Vergütungsmodus dahingehend zu ändern, dass er am Umsatz beteiligt wird, wie es seiner Meinung nach im Buchhandel üblich ist – sein Zeitgenosse Theodor Fontane etwa beklagt dagegen zur selben Zeit auf ganz ähnliche Weise wie Brahms seine Abhängigkeit von Verlagen –, bei Simrock auf keine Gegenliebe. Angeregt auch durch frühere Äußerungen von Brahms zu dem Thema, so Simrock am 22. September, habe er über dessen Idee mehrfach nachgedacht und festgestellt, dass mit deren Verwirklichung unglaubliche Schwierigkeiten verbunden seien und er der Idee nichts abgewinnen könne. Seiner Überzeugung und seiner Erfahrung nach würde das neue gegenüber dem jetzigen Verhältnis zwischen ihnen von Nachteil sein. Er führt dies jedoch nicht näher aus und möchte gelegentlich mit Brahms darüber sprechen. »Übrigens ist mir jedes Verhältnis mit Ihnen recht!«[46], heißt es abschließend. Brahms, das zeigt sein Brief vom 3. Oktober, fühlt sich von Simrock nicht verstanden und mag nicht einsehen, was dieser dazu meint. Aber mit »darum keine Feindschaft nicht«[47] schließt er das Thema ab und verzichtet im Weiteren auf eine Auseinandersetzung in dieser Angelegenheit – finanziell hat er dies ja auch nicht nötig.

---

38 WEF, S. 171.
39 Ebenda.
40 Ebenda, S. 172.
41 BBW X, S. 184.
42 Ebenda.
43 Ebenda, S. 185.
44 BBW XIV, S. 328.
45 Ebenda, S. 330.
46 WEF, S. 174.
47 BBW X, S. 189.

Der Kampf oder das Spiel darum, wer was veröffentlichen darf, aber geht weiter. Am 28. März des folgenden Jahres schreibt Brahms an Simrock: »Da Sie so schmutzig sind und mir kein Geld für das Konzert anbieten, ehe die lumpigen Stimmen da sind – so sehe ich mich genötigt, Ihnen ein Paket Lieder und Duette zu schicken, damit ich doch zu barem Geld komme, opus 84, 85–86. Oder wollen Sie mit Dr. Abraham lieber teilen?«[48]

48 BBW X, S. 201f.

Brief VII

An Herzog Georg II. zu Sachsen-Meiningen

Wien, 23. November 1882

Gnädigster Herzog,

Euer Hoheit

habe ich den so ergebenen als dringenden Wunsch vorzutragen, es möge mir gestattet sein, Hochdenenselben ein neues Werk zueignen zu dürfen. Es ist eine Composition des Parzenliedes aus Goethe's Iphigenia für welche ich diese Auszeichnung erbitte und von welcher ich gern hoffte, sie möge solcher Gunst nicht ganz unwürdig sein. Mir selbst aber würde sie dadurch zu einem Zeichen der Erinnerung an so viel Huld und Güte die mir von E. H. wurde und so schöner künstlerisch anregendster Zeit die ich E. H. verdanke!

Ich erlaube mir noch zu erzählen, daß ich Mitte September in der Villa Carlotta war, wenige Stunden nachdem S. H. der Erbprinz das Schloß verlaßen hatten.

Mit Wehmut dachte ich an den versäumten Mai zurück; durfte aber nicht klagen, denn ich ging d. Z. in gewohnter Einsamkeit mit Gedanken an Parzen und andre liebliche Geschöpfe spazieren.

An eine absolute Einsamkeit aber bin ich so gewöhnt, daß ich sie nöthig habe, soll das Spazierengehen mehr bedeuten als die Füße bewegen.

Meine heutige Frage und ergebene Bitte geht nun eines der Resultate solcher Spaziergänge an.

Wie glücklich würde ich sein, wenn ich es einmal E. H. vorführen dürfte und meine heutige Bitte dann nicht unbescheiden erschiene. Mir soll das Parzenlied nächstens schon erklingen; am 10t Dec. in Basel, am 18ten in Zürich.

Mit welcher Teilnahme ich des verehrten Bülow gedenke, brauche ich E. H. nicht zu sagen.

Man möchte in der Ferne unablässig fragen und muß sich doch sagen daß die, längere Zeit nothwendig gleichlautenden Antworten, nicht befriedigen können. Heute aber habe ich Hrn. Hilpert doch in der Hoffnung um Nachricht gebeten, endlich freundlicheres zu hören.

Darf ich E. H. ersuchen mich Dero Frau Gemahlin angelegentlich empfehlen zu wollen.

In verehrungsvoller Ergebenheit
Euer Hoheit unterthänigster
Johannes Brahms.
Wien, 23 Nov: 1882.

Wenn der junge Brahms eines nicht mochte, dann war es das, was er »steife Visite«[1] nannte. Er fürchtete sich sogar vor ihr und entfloh, wann immer es ging, der »geputzten Welt«[2]. Das war auch viel später noch der Fall. Sein Freund Joseph Joachim sprach von seiner »Abneigung vor fremden Verhältnissen und gêne«[3], das heißt selbstauferlegtem gesellschaftlichen Zwang. »Artigkeits- und Höflichkeitsverpflichtungen«[4] waren ihm zuwider. Als er vom Herzogspaar Georg II. und Helene Freifrau von Heldburg eingeladen wurde, während seines Aufenthaltes in Meiningen im Herbst 1881 bei ihnen auf Schloss Elisabethenburg zu wohnen, mag er ähnliche Befürchtungen gehegt haben. Das war aber ganz überflüssig. Wenn man liest, wie Clara Schumann einmal das Herzogspaar charakterisiert hat, wird das leicht verständlich. In ihrem Tagebuch schreibt sie: »Der Herzog kam mit seiner Gemahlin und ich fand sie so liebenswürdig, natürlich und geistig angeregt, wie ich noch keine Herrschaften kennen gelernt. Man vergißt mit ihnen ganz ihren Rang.«[5] Brahms selbst bestätigt dies gleichsam Jahre später, als er bei einem Aufenthalt auf Schloss Altenstein bei Bad Liebenstein an Clara Schumann schreibt: »Wie liebenswürdig aber die Herrschaften sind, ist schwer zu sagen – aber leicht und schön zu genießen.«[6] Schon bei seinem zweiten Besuch bei ihnen zwischen dem 17. Oktober und 6. November 1881 ging das Herzogspaar

1 BBW V, S. 3.
2 Ebenda, S. 109.
3 BBW VI, S. 228.
4 BWSB II, S. 348.
5 CSTb III, S. 541.
6 BWSB II, S. 571.

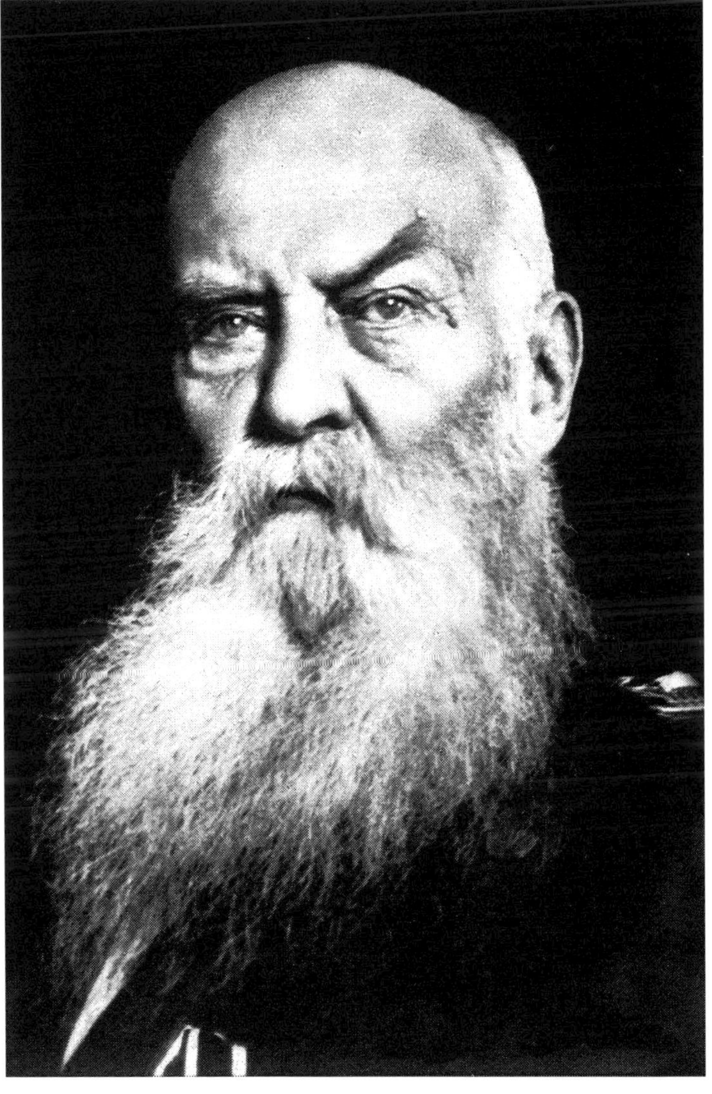

Herzog Georg II. von Sachsen-Meiningen
(Stadtarchiv Meiningen)

mit großem Verständnis und Entgegenkommen auf Brahms' Lebensgewohnheiten und Bedürfnisse ein, so dass er alle Freiheiten hatte, sein tägliches Leben so zu gestalten, wie es ihm gefiel. Er konnte sich wünschen, wo er im Schloss wohnen wollte, musste im täglichen Umgang keine Kleiderordnung befolgen, brauchte keinen gesellschaftlichen Verpflichtungen nachzukommen und konnte ungestört arbeiten, wann immer es ihm beliebte. Wie selbstverständlich entwickelte sich daraus, trotz aller Standesunterschiede, schnell eine vertrauensvolle, unangestrengte, ja freundschaftlich-herzliche Beziehung. So konnte Brahms es drei Jahre später sogar wagen, sich in der für ihn typischen Weise (vgl. Brief XVI, S. 130–135) selbst am Hof von Meinigen einzuladen, indem er, allerdings an die Gemahlin Freifrau von Heldburg und nicht an den Herzog selbst schrieb: »Ich denke am Mittwoch nach Wien, Mühlfeld nach Meiningen zu fahren. Wenn Sie mir mit einem Wort die Erlaubniß geben, so möchte ich gern den Umweg machen u. Ihr schönes Schloß besehen.«[7] Prompt schickte Herzog Georg II. am 12. November eine Depesche mit seiner Einladung.

Wenn man ihren Briefwechsel liest, überrascht das zunächst, jedenfalls wenn man den Briefstil, insbesondere die Anreden und Schlussformeln, betrachtet. Während des gesamten Briefwechsels wahrt Brahms die Form, wie sie die höfische Etikette und das Protokoll zwischen einem Bürgerlichen und Adligen vorgeben und gebieten. Dazu gehören beispielsweise Demuts- und Reverenzgesten, wie sie Brahms in leichten Abwandlungen immer wieder verwendet, etwa im vorliegenden Brief, in welchem er Herzog Georg mit »Gnädigster Herzog, Euer Hoheit«[8] anredet und die Schlussformel benutzt: »In verehrungsvoller Ergebenheit Euer Hoheit unterthänigster Johannes Brahms.«[9] Ähnlich drückt er sich auch gegenüber der Freifrau von Heldburg aus. Das Herzogspaar verhält sich dagegen ganz unkonventionell. Herzog Georg redet Brahms häufig mit »Lieber Brahms!«[10] an und zeichnet, zunächst noch, mit dem Zusatz »verbleibe ich. Lieber Brahms, Ihr treuer und dankbarer Georg Hg zu S. Meiningen«[11]. Vier Monate später, am 22. März 1883, heißt es schlicht: »Ihr Ihnen treu ergebener Georg.«[12] Helene Freifrau von Heldburg kann von ihrer Position und Rolle her als geborene Bürgerliche und Gemahlin des Herzogs noch unverbindlicher sein als der Herzog. Das zeigt ihr Brief vom 9. März 1883. Sie beginnt mit »Verehrter Freund«[13], bekennt im Laufe des Briefes »Sie wissen nicht, lieber Herr Brahms, wie sehr lieb wir Alle Sie haben!«[14] und endet mit »In wahrer Verehrung treu Ihre E. v. Heldburg«[15]. Noch deutlicher wird der Charakter der Beziehung, wenn man ihren Brief vom 11. April 1991 liest, den sie aus dem Urlaub in Menton an Brahms sendet. Sie beginnt mit, Brahms' Wanderleidenschaft bedenkend: »Verehrter, lieber Meister! Es vergeht kein Tag, wir machen keinen schönen Ausflug, an dem wir nicht Ihrer gedenken und Sie herwünschen, [...].«[16] Im Zentrum des Briefes schreibt sie dann, Brahms in seinem Wesen und Verhalten erfassend: »Ein Gefühl tiefen, ich darf sagen, heiligen Dankes erfüllt uns für Sie – das muß ich einmal im Brief Ihnen sagen, denn mündlich kommt es nicht dazu, weil Sie immer mit einem Scherzwort abwehren, wenn man Ihnen mit Dank kommt. Aber ich denke, Sie wissen doch, wie wir Sie lieben und hoch verehren, mit einem Wort, was sie uns sind.«[17] Und sie endet mit: »Leben Sie wohl, theurer Meister, und sein Sie von Herzen gegrüßt vom Herzog und von Ihrer dankbaren Heldburg.«[18]

Auch wenn man davon ausgehen kann, dass die Beziehung zwischen Brahms und dem Herzogspaar nicht von Anfang an diese besondere Qualität gehabt hat, sondern erst im Laufe der Zeit gewachsen sein wird, so muss von der ersten Begegnung an doch schon eine gewisse gegenseitige persönliche Wertschätzung bestanden haben. Sonst lässt sich nur schwer erklären, warum Herzog Georg Brahms »in Bewunderung seiner Werke und aus besonderem Wohlwollen«[19] am 22. Oktober 1881 das Comthurkreuz 2. Klasse (das 1. Klasse folgte am 4. Februar 1884) verlieh. Hätte diese nicht bestanden, wäre es zu einer solchen Auszeichnung und Ehre wohl nicht oder nicht so schnell gekommen. Aber wie die Begründung des Herzogs zeigt, wurde hier auch nicht der Mensch Brahms ausgezeichnet sondern der Komponist. Als Besitzer eines blühenden, deutschlandweit renommierten Hoftheaters sowie -orchesters, die er seit 1873 aus eigener Tasche finanzierte, war

7 Zit. nach RKH, S. 34.
8 BBW XVII, S. 26.
9 Ebenda, S. 33.
10 Ebenda, S. 34.
11 Ebenda, S. 35.
12 Ebenda, S 39.
13 Ebenda, S. 37.
14 Ebenda, S. 38.
15 Ebenda.
16 Ebenda, S. 108.
17 Ebenda, S. 109.
18 Ebenda.
19 Ebenda, S. 46.

Herzog Georg als kulturpolitisch denkender Landesherr verständlicherweise daran interessiert, den anerkannten und erfolgreichen Komponisten an seinen Hof zu binden. Auch wenn Brahms einmal behauptet hat, Auszeichnungen dieser Art seien ihm »wurscht«[20], so wird er sich doch darüber gefreut haben. Das kommt auch dadurch zum Ausdruck, dass er dem Herzog als Dank eines der gerade entstandenen Werke widmete. Davon handelt der Brief vom 23. November 1882.

Dafür wählte er das Chorwerk *Gesang der Parzen* op. 89 aus, dessen Text aus dem Schauspiel *Iphigenie auf Tauris* von Johann Wolfgang [von] Goethe stammt. Das Schauspiel, 1787 veröffentlicht und vom Autor bewusst nicht Drama oder Tragödie genannt, ist ein modernes zeitgenössisches Stück in antikisierendem Gewand, das seine Wurzeln in der Aufklärung und im Idealismus hat. Es handelt von bürgerlicher Emanzipation und Selbstbestimmung und damit von der Überwindung dessen, was im Parzenlied mitgeteilt wird. Das Individuum, repräsentiert durch Orest und Iphigenie, entscheidet selbst über sein Schicksal, nicht die Götter oder, auf die Goethezeit bezogen, andere schicksalshafte Kräfte wie z. B. der absolut herrschende Adel. Während das Parzenlied, am Ende des 4. Aufzugs und gleichsam Peripetie im Stück, vom Fluch der Götter handelt, der seit Ewigkeiten auf dem Haus der Tantaliden lastet und der bestimmt ist durch Gewalt, List, Lüge und Verrat, ist Iphigenie diejenige, die in einem Befreiungsakt versucht, »mit reiner Hand und reinem Herzen«[21] (Vers 1701) der Fremdbestimmung durch den Fluch zu entkommen, indem sie zu praktizieren versucht, was ihr Bruder Orest in der Erkennungsszene zwischen beiden im 3. Aufzug, 1. Szene propagiert, nämlich »zwischen uns / sei Wahrheit!«[22] (Vers 1080f). Indem sie dies, ihr eigenes Leben und das ihrer Begleiter riskierend, in die Tat umsetzt, schafft sie Vertrauen. Sie teilt Thoas, dem König von Tauris, mit, dass ihre Begleiter unter der Führung von Pylades planen, die Insel mit einem Gewaltakt zu verlassen. Damit gelingt es ihr nicht nur, die in ihm schlummernden humanen Kräfte, Milde und Güte, zu aktivieren und ihn vom Brauch, auf seiner Insel gelandete Fremden der Göttin Diana zu opfern, abzuwenden, sondern ihm auch im Gespräch die Zusage abzuringen, dass sie alle unbeschadet die Insel verlassen können.

Diese idealistische Seite des Stückes, das sich in einer Einzelausgabe von 1873 in seiner Bibliothek befand und das er während der Arbeit am *Gesang der Parzen* von vorn bis hinten gelesen hat, scheint für Brahms kein musikalisches Anregungspotential besessen zu haben. Um jeder möglichen Kritik an seiner isolierenden Herauslösung des Parzenliedes aus dem Stück aus dem Wege zu gehen, teilt er seinem Freund Theodor Billroth mit: »Daß das Lied aus Iphigenie ist, möchte ich auf dem Titel verschweigen. Ich höre schon Speidel sagen, das sei nicht die Goethe'sche Iphigenie, und allerdings ist das Parzenlied nicht Iphigenia.«[23] Brahms mag zur Komposition durch eine Aufführung des Schauspiels im Wiener Burgtheater angeregt worden sein, in der die Erste Tragödin, Charlotte Wolter, die Iphigenie spielte. Sie interpretierte gerade das Parzenlied mit ihrer großen Schauspiel- und Sprachkunst derart überzeugend, dass sich für Brahms vor allem hierin das gesamte Stück zu kristallisieren schien. Er selbst hat sich, wie immer, nicht dazu geäußert.

Drei Tage, nachdem Brahms Herzog Georg die Widmung des Werkes angetragen hatte, nimmt dieser sie »mit Freude und Stolz an«[24]. Brahms tut ein Übriges, indem er ein knappes Vierteljahr später dem Herzog eine Prachtausgabe des Werkes übersendet, die er bei seinem Verleger Fritz Simrock extra in Auftrag gegeben und deren Kosten er selbst übernommen hat. Auch dafür bedankt sich Herzog Georg herzlich, und er verbindet damit den Wunsch, Brahms möge zur Aufführung nach Meiningen kommen. Schließlich wird vom Herzog der 2. April 1883, sein Geburtstag, als Aufführungsdatum festgelegt und Brahms das Programm unterbreitet, das, auch eine Form von Ehrerbietung für den Komponisten, nur aus seinen Werken besteht, darunter an erster Stelle der *Gesang der Parzen*. Herzog Georg begleitet dies mit den für sich sprechenden Worten: »Wir hoffen sicher auf demnächstiges Wiedersehen hier und freuen uns alle darauf [...] besonders wenn Sie, lieber Brahms, sich herbeilaßen wollen, die letzte Feile anzulegen.«[25] Brahms läßt sich nicht nur herbei, zwischen dem 30. März und dem 3. April nach Meiningen zu kommen, sondern er übernimmt auch einen Teil des Konzerts, indem er sich die Dirigate, mit

20 KST 1979, S. 12.
21 GW V, S. 53.
22 Ebenda, S. 36.
23 BWBiBr, S. 337.
24 BBW XVII, S. 34.
25 Ebenda, S. 36.

dem derzeitigen Hofkapellmeister Franz Mannstädt teilt. Brahms dirigiert das Parzenlied und die *Haydn-Variationen* und übernimmt, entgegen der ursprünglichen Programmplanung, auch den Klavierpart in seinem *Zweiten Klavierkonzert.*

Über die Aufnahme des *Gesangs der Parzen* durch den Herzog ist brieflich verständlicherweise nichts überliefert, da er sich gegen-

über Brahms sofort nach der Aufführung geäußert haben wird. Er wird dies, selbst solide musikalisch gebildet, qualifiziert und bescheiden-zurückhaltend getan haben, ähnlich wie er es am 26. November 1882 tat, als er an Brahms schrieb: »Je öfter man Ihre Compositionen hört, je mehr Genuß hat man davon und je höher lernt man sie schätzen und verehren.«[26]

26 Ebenda, S. 34.

Brief VIII

An Elisabet von Herzogenberg

Mürzzuschlag, 29. August 1885

Liebe verehrte Freundin,

Ich versäume also, wie es scheint, eine Besuchszeit nach der andern. Es mag die träge Angst schuld sein vor den vielen Unbekannten in der Eisenbahn und den gar vielen Bekannten in Ihrer Gegend – die auch auf meinen Besuch warten. Bleiben Sie denn noch da, und haben Sie jetzt wieder Ruhe? Dürfte ich Ihnen etwa das Stück eines Stückes von mir schicken, und hätten Sie Zeit, es anzusehen und ein Wort zu sagen? Im Allgemeinen sind ja leider die Stücke von mir angenehmer als ich, und findet man weniger daran zu korrigieren?! Aber in hiesiger Gegend werden die Kirschen nicht süß und eßbar – wenn Ihnen das Ding also nicht schmeckt, so genieren Sie sich nicht. Ich bin gar nicht begierig, eine schlechte Nr. 4 zu schreiben.

Übrigens wann kriegt man die Nr. 1 [= *Erste Symphonie* von Heinrich von Herzogenberg]?!!? Muß man, wie die Konzertdirigenten, auf die Saison warten?

Ist Astor noch nicht fertig? Ich freue mich schon lange und sehr darauf, diese Nr. 1 ein wenig genauer ansehen zu können.

Mit recht herzlichen Grüßen Ihr

J. Brahms.

Johannes Brahms stand seinen eigenen Werken und deren Gelingen sein Leben lang skeptisch gegenüber – ohne alle falsche Bescheidenheit oder Koketterie. »Ich bin nie, oder ganz selten nur etwas zufrieden mit mir«[1], schreibt er 1858 an Clara Schumann sowie 30 Jahre später: »Ich traue nie einem neuen Stück zu, daß es jemandem gefallen könnte.«[2] Und noch im Jahre 1895

1 BWSB I, S. 217.

2 BWSB II, S. 363.

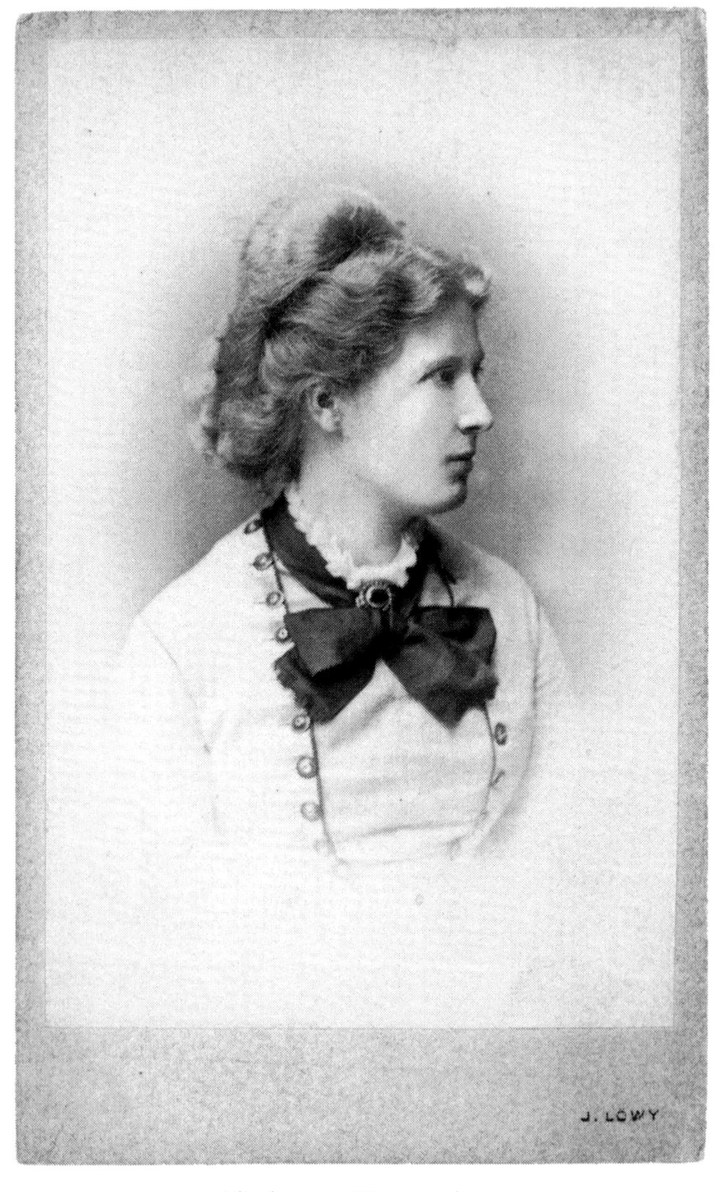

Elisabet von Herzogenberg
Fotografie von J. Löwy, Wien
(Brahms-Institut an der Musikhochschule Lübeck)

bemerkt er gegenüber Richard Heuberger: »In eigener Sache hat man wirklich gar kein Urteil.«[3] Den Grund dafür versucht er in seinem Brief vom 6. August 1882 an seinen Freund Theodor Billroth zu liefern, dem er den *Gesang der Parzen* op. 89 zur Begutachtung gesandt und der ihm enthusiastisch geantwortet hatte. Dort schreibt er: »Du glaubst nicht wie wichtig mir Dein zustimmendes Wort ist und wie dankbar ich dafür bin. Man weiß, was man gewollt und wie ernst man gewollt hat. Eigentlich sollte man auch wissen, was dann nun geworden ist; das läßt man sich aber doch lieber von anderen sagen und glaubt dann gerne dem freundlichen Wort.«[4] Zuspruch und Anerkennung durch ihm nahestehende musikkundige Personen waren ihm wichtig, ja ein lebenslanges Bedürfnis.

Deshalb legte er ein neuentstandenes Werk jeweils einer Freundin oder einem Freund zur kritischen Begutachtung vor mit der Aufforderung, ihm »nichts vorzuflunkern«[5], er sei »weitaus nicht eitel genug [, um] ein Lob zu erwarten«[6]. Aufrichtige Kritik war ihm durchaus willkommen. Erst nachdem er das betreffende Werk zurückerhalten und er sich mit möglicher Kritik auseinandergesetzt hatte, brachte er es zur Aufführung oder gab es in den Druck. Diesen Freundschaftsdienst nahm Brahms von den ersten Werken opp. 1 bis 6 (Joseph Joachim) bis zu den späten Klavierstücken op. 119 (Clara Schumann) in Anspruch.

Viele Male leistete diesen Dienst Elisabet von Herzogenberg. Sie hatte eine pianistische Ausbildung bei Julius Epstein und bei Brahms selbst erhalten und besaß große analytische Fähigkeiten. Auf ihr Urteil legte Brahms großen Wert, beinahe noch mehr als auf das von Clara Schumann, die ihm manchmal zu schwärmerisch in ihren Äußerungen war. Als Brahms 1885 bei den abschließenden Arbeiten zu seiner *Vierten Symphonie* op. 98 war, wandte er sich Ende August mit dem vorliegenden Brief an sie. Da sie sich mit ihrem Ehemann, dem Komponisten Heinrich von Herzogenberg, gerade im Urlaub in ihrem Ferienhaus in Berchtesgaden befand, fragte er höflich an: »Dürfte ich Ihnen etwa das Stück eines Stückes von mir schicken, und hätten Sie Zeit, es anzusehen und ein Wort zu sagen?«[7] Mit diesem Stück ist der 1. Satz der *Vierten Symphonie* op. 98 gemeint.

3 HEU, S. 85.
4 BWBiBr, S. 337.
5 Ebenda, S. 79.
6 Ebenda, S. 88f.
7 Ebenda, S. 73.

Hocherfreut antwortet Elisabet von Herzogenberg umgehend: »Ja, Sie ›dürfen‹ das Stück von Ihrem Stück, das gottlob eine Symphonie zu sein scheint, herschicken und machen frohe Menschen damit. […] Senden Sie's nur bald; denn Sie können schon denken, wie wir mit Weihnachtsgefühlen dasitzen und passen.«[8] Damit beginnt eine Korrespondenz zu diesem Werk, die sich insgesamt über ein halbes Jahr erstreckt. Schon eine Woche später, am 8. September, schickt sie Brahms ihre ersten, allgemein gehaltenen, Eindrücke: »Man wird nicht müde, hineinzuhorchen und zu schauen auf die Fülle der über dieses Stück ausgestreuten geistreichen Züge, seltsamen Beleuchtungen, rhythmischer, harmonischer und klanglicher Natur, und Ihren feinen Meißel zu bewundern, der so wunderbar bestimmt und zart zugleich zu bilden vermag; und so viel steckt darin, daß man gleichsam wie ein Entdecker und Naturforscher frohlockte, wenn man Ihnen auf die Schliche Ihrer Schöpfung kommt!«[9]

In den folgenden Briefen geht es dann sehr detailliert und mit diversen Notenbeispielen versehen, nach und nach auch um alle übrigen Sätze. Das geschieht nicht ohne die eine oder andere kritische Anmerkung zu einzelnen Details. Abschließend zeigt sich Elisabet aber begeistert und akzeptiert die Symphonie vollkommen. Dafür mag stehen, was sie, gleichzeitig ihre Aufnahmefähigkeit von Neuem dokumentierend, über den letzten Satz des Werkes sagt: »Sie haben neulich gefragt, ob ich den letzten Satz überhaupt aushielte bis Ende, und ich muß sagen, meinetwegen könnte er dreimal so lang sein, und ich meine, auch das Publikum muß ihn genießen können, auch ohne das Passacaglia-artige zu verstehen oder zu verfolgen; denn so Lebensvolles, nicht mühsam Fadenspinnendes, sondern stets Neugebärendes, das muß auch wirken, fesseln und hinreißen, dazu braucht man gottlob nicht Musiker zu sein.«[10]

Abgeschlossen wurde die Korrespondenz über die *Vierte Symphonie* mit einer Danksagung von Seiten beider Briefpartner. Elisabet von Herzogenberg, die sich durch ihre Arbeit mit dem neuen Werk als »Bevorzugte«[11] fühlte, weil sie und ihr Ehemann die Ersten und Einzigen waren, die das Werk vor seiner Veröffentlichung sehen und kennenlernen durften, bedankt sich für »die Lebensbereicherung, die solch ein Stück, wie Ihre Neueste für unsereins ist«[12], und Ihr Ehemann, der ihre Arbeit aktiv mitverfolgt hat, dankt Brahms nicht nur für dessen darin zum Ausdruck kommende Güte ihnen gegenüber, »sondern noch besonders für die Güte der Symphonie!«[13] Brahms bedankt sich, schon nach der Begutachtung des ersten Satzes, mit den Worten: »Nun aber haben Sie noch schönsten Dank für Ihren sehr lieben Brief – der mir sehr nötig war! Ich bin nämlich viel schüchterner, meinen Sachen gegenüber, als Sie denken.«[14] Nötig war der Brief Brahms deswegen, weil die laue Aufnahme, die das Werk in einem kleinen Kreis von Freunden und Bekannten bei dessen Vortrag als vierhändiges Klavierarrangement durch Brahms und den mit ihm befreundeten Pianisten Ignaz Brüll gefunden hatte, ihn zweifeln ließ, ob er die neue Symphonie dem Publikum zumuten, d. h. überhaupt öffentlich aufführen sollte. Die Anwesenden hatten nämlich nach dem 1. Satz mit einer »ziemlich lähmende[n] Stille«[15] und einem »beängstigenden Stillschweigen«[16] reagiert – welches sich bis zum Ende des Vortrags fortsetzte. Keiner hatte eine Beurteilung der Symphonie gewagt. Trotz dieser negativen Erfahrung änderte Brahms seine Einstellung hinsichtlich einer orchestralen Aufführung vor großem Publikum dennoch bald. In Meiningen hatte er nämlich die Gelegenheit bekommen, das Werk mit der herzoglichen Hofkapelle ausreichend zu proben und (zusammen mit Hans von Bülow) in Ruhe einzustudieren. Am 25. Oktober 1885 erfolgte dort die Uraufführung unter Brahms' Leitung, und vom 3. bis 11. November ging die Kapelle mit dem Werk auf Tournee, auf einen seiner »Feldzüge«[17], wie Brahms dies scherzhaft nannte, um es zu verbreiten. Siegfried Kross spricht von einem »Triumphzug«[18].

Noch einmal zurück zu Elisabet von Herzogenberg und ihrer Begutachtung des Werks: In manchen Fällen konnte der Dank des Komponisten für einen solchen Freundschaftsdienst, wie sie ihn viele Male geleistet hatte, auch so aussehen, dass er ihr (oder ihm) ein Werk widmete oder ein Autograph schenkte. In ihrem Fall waren es die Widmung der von ihr gegenüber Brahms als »über viele Maßen schön«[19] bezeichneten *Rhapsodien* op. 79, Nr. 1 und 2 und die Autographen der *Lieder* op. 96, Nr. 2 und Nr. 4 mit den

8 BWBiBr, S. 74f.
9 Ebenda, S. 86.
10 Ebenda, S. 102.
11 Ebenda, S. 98.
12 Ebenda, S. 122.
13 Ebenda, S. 104.
14 Ebenda, S. 90.
15 MK III, S. 452.
16 Ebenda.
17 WEF, S. 189.
18 SK II, S. 919.
19 BBW I, S. 111.

beziehungsreichen ersten Zeilen »Wir wandelten, wir zwei zusammen« und »Mein Liebchen, wir saßen beisammen« – eine der von Brahms gern und oft gemachten Andeutungen, die die Aussage in der Schwebe lassen zwischen Neckerei und Ernst.

Brief IX

An Dr. Richard Fellinger
Thun, 17. Mai 1887

Insonders geehrter Herr,
Entschuldigen Sie, daß ich Ihre Karte nicht sofort beantwortete. Aber ich wollte warten, bis alles Zeugs beisammen ist, und da nun gestern der Rest (nämlich der Dr. Br[ahms] selbst) dazu gekommen ist, so eile ich, es Ihnen zu melden. Es ist auch alles in so gutem Zustand, wie es bei einem einschichtigen Herrn und wandernden Kunstmacher nur zu verlangen ist. Dr. Br. aber bittet mich, Ihnen sehr herzlich zu danken, daß Sie sich der Bagage so freundlich angenommen haben.

Auch bittet Herr Br., Sie möchten ihm sagen, was Sie für ihn ausgelegt haben – das können Sie ja immerhin thun – ob es Ihnen was nützt, weiß ich nicht – so ein Kunstmann!

Herr Br. will auch viel Geld jetzt in Italien verdient haben und sehr viel und große Freude gehabt am Kirchenbesuch, am herrlichen Frühlingswetter, am Spazierengehen, Bildern, Statuen und anderen Schnurrpfeifereien. Jetzt sitzt er hier und seufzt, daß er Abends nicht in den Prater gehen kann, und daß er nicht so hübsche Mädchen sieht wie in Wien.

Dann läßt Herr Br. auch Ihre Familie schön grüßen. Er sagt, es wäre sehr gescheut, daß wir nicht so viel Schiller und Göthe aufstellten wie die in Deutschland, denn sie müßten doch Alle wieder 'runter und Ihre Herrn Söhne dafür hin – wir werden dann gleich damit anfangen!

Und nun empfehle ich mich Ihnen gehorsamst und bin allezeit
Ihr
dienstwilliger
und ergebener
Joh. Spring
Hausbesitzer und Victualienhändler

»Denn, um es endlich auf einmal herauszusagen, der Mensch spielt nur, wo er in voller Bedeutung des Wortes Mensch ist, und er ist nur da ganz Mensch, wo er spielt«[1], schreibt Friedrich Schiller im 15. Brief *Über die ästhetische Erziehung des Menschen* (1793/94). Aber so hoch muss man nicht greifen, wenn man den Spieltrieb und die Spielfreude von Johannes Brahms beschreiben will. Wohl stimmt es, dass er dort, wo er spielt, ganz er selbst ist, ganz gelöst und ungezwungen, ganz vergnügt und heiter. Aber er spielt auch dort, wo es ihm bitter ernst ist. Sein Spieltrieb kann einerseits kindlich-naiv sein, jedoch oft ohne die Selbstvergessenheit von Kindern, andererseits, wie sein Humor, geistige Widerhaken haben oder bewusst auf einen bestimmten Effekt hinzielend eingesetzt werden.

Ein humorvolles Spiel treibt Brahms immer wieder mit vielen seiner Briefpartner, wenn es darum geht, seine »Schreibfaulheit«[2], wie er es selber nennt, in ein besseres Licht zu rücken. So kündigt er oft einen langen Brief an, von dem er, und bald auch seine Briefpartner, wissen, dass er nie geschrieben werden wird, wie der, den er Laura von Beckerath am 20. Januar 1885 auf einer Postkarte ankündigt: »Verehrteste, der lange und schöne Brief wird erst morgen fertig und ich sage einstweilen, daß ich durchfahre nach Krefeld, Sie dort zu sehen hoffe […].«[3] Am Ende eines Briefes, den er am 19. Juni 1883 an seinen Freund Fritz Simrock schickt, heißt es am Schluss vorgebend: »Schade, ich hätte noch manche gute Ideen, aber das Papier geht zu Ende, also bestens Ihr J. B.«[4] Und Richard Heuberger berichtet in seinen *Erinnerungen* von einem Fall, dessen Zeuge er in Brahms Wohnung wurde: »Vor ein paar Jahren war ich auch einmal bei Brahms, als jemand hinaufkam, den er gleich mit den Worten ansprach: ›Nun, haben Sie meine paar Briefe im Sommer nicht erhalten?‹ ›Nein‹, war die Antwort. Brahms: ›Merkwürdig, merkwürdig!‹ Der Andere: ›Wirklich nicht!‹ Brahms: ›Sonderbar, daß gerade von mir so viele Briefe verloren gehen!‹ ›Die Sie nicht schreiben‹, warf ich ein und Brahms lachte herzlich.«[5]

Ein anderes Spiel, das Brahms gerne trieb, waren Sprachspiele. Dies beginnt mit der Erfindung von Namen. Diese dienen als Masken, als Verstecke, dem Schutz der eigenen Person. Zugleich können sie die Maske eines Spaßmachers sein hinter der ein Schelm hervorschaut. Manchmal gilt beides zugleich. Es ist ein Spiel mit

Identitäten. So spielt Brahms mit seinem eigenen Namen, indem er z. B. Briefe an Clara Schumann 1854 mit »Johannes Brh.«[6], »Johannes von Brah«[7] oder »Kamaralsaman Ebn Brah«[8] zeichnet. Bei seiner Tätigkeit als Arrangeur für den Hamburger Musikverlag August Cranz verwendet er 1849 das Pseudonym »G. W. Marks«[9] und im Zusammenhang mit zwei frühen Kompositionen, die verschollen sind, nennt er sich »Karl Würth«[10]. Den scherzhaften Verhaltenscodex für seinen Hamburger Frauenchor (vgl. unten) unterzeichnet er 1860 mit »Johannes Kreisler jun. alias: Brahms«[11]. Indem er »alias [= sonst auch] Brahms« schreibt, verkehrt er spaßhaft den Sachverhalt auf die Weise, dass er vorgibt, »Johannes Kreisler jun.« sei sein eigentlicher Name.

Vor allem dem Scherz und der Unterhaltung dient das Spiel mit Vornamen, wie er es mit dem Ehepaar von Beckerath spielt. So redet er Rudolf von Beckerath neckend wechselweise mit »Robert«, »Rupprecht«, »Ruppert« und, mit welcher Anspielung auch immer, mit »Richard III.« an.[12] Dessen Ehefrau Laura, die er normalerweise mit »liebe Frau Beckerath« anredet, nennt er »Carissima Donna«, »Verehrteste Donna« oder auch »Geehrte und liebe Donna Laura«, und einmal verwendet er statt der Anrede ein Notenzitat aus Mozarts Oper *Don Giovanni,* 1. Akt, Nr. 4, Leporellos Registerarie, die mit den Worten »Schönste Donna« beginnt.[13] Ob Brahms dabei auch die vom italienischen Dichter Francesco Petrarca angebetete Donna Laura, die diesen zu den schönsten Dichtungen anregte, aber nie erhörte, im Sinn gehabt und hinter der Namensgebung ein erotisches Spiel versteckt hat, sei dahingestellt.

Brahms mochte keine förmliche Sprache. Deshalb machte er sich oft und wo es den Briefpartnern gegenüber möglich und angemessen war, spielerisch über sie lustig. So etwa auf der bereits mit dem Anfang zitierten Postkarte an Laura von Beckerath vom 20. Januar 1885. Dort geht es im Text weiter mit: »Sie dort zu sehen hoffe und auf der Rückreise Sie besuchen dürfen annehmen

1 SW V, S. 618.
2 BBW XII, S. 118.
3 KST 1979, S. 48.
4 BBW XI, S. 19.
5 HEU, S. 79.
6 BWSB I, S. 26.
7 Ebenda, S. 48.
8 Ebenda, S. 47.
9 KH 2003, S. 135.
10 Ebenda, S. 117.
11 HÜB, S. 28.
12 KST 1979, S. 40, 42, 46 und 50f.
13 Ebenda, S. 47, 60 und 65.

zu wünschen möchte. Auch möchte wünschen annehmen zu dürfen, daß Engelmanns in Wiesbaden sind und bleiben! Herzlich Ihr J. Brahms.«[14] Hier lässt Brahms die in diesem Falle aus Höflichkeitsgründen gebräuchliche förmliche Sprache vor Gestelztheit über sich selbst stolpern und ins Absurde gesteigerte Purzelbäume schlagen.

Ein letztes Beispiel dokumentiert Brahms Freude an der sprachlichen Parodie. Am 30. April 1860 verfasste er einen aus fünf Punkten bestehenden scherzhaften Verhaltenscodex für die Mitglieder seines Hamburger Frauenchors, den er mit *Avertimento* (= Benachrichtigung, Ermahnung, vgl. hierzu auch Brief II, S. 29) überschrieb. Dort parodiert er eine damals schon lange nicht mehr gängige Kanzleisprache. Der Anfang lautet so: »Sondern weilen es absolute dem Plaisire fördersam ist, wenn es fein ordentlich dabei einhergeht, als wird denen curieusen Gemütern, so Mitglieder des sehr nutz- und lieblichen Frauenchors wünschen zu werden und zu bleiben jetzund kund und offenbar getan, daß sie partoute die Clausuln und Puncti hiefolgenden Geschreibsels unter zu zeichnen haben, ehe sie sich obgenannten Tituls erfreuen und an der musikalischen Erlustigung und Divertierung parte nehmen können.«[15] Damit nahm er dem Regelwerk natürlich jede Ernsthaftigkeit – was sicherlich auch seine Absicht war.

Brahms hatte auch ein großes Vergnügen daran, in verschiedenste Rollen zu schlüpfen. Ein frühes Beispiel findet sich in einem Brief an Clara Schumann vom 15. Dezember 1854. Diesen nennt Brahms einen »gräßlichen Brief«[16], weil er ihr darin fast nur von seinen Misshelligkeiten im Umgang mit seinen Freunden und Bekannten in Hamburg berichtet, weswegen er beispielsweise keine Ruhe und Zeit zum Komponieren gefunden hat. Im letzten Viertel des Briefes bricht er deswegen voller Unzufriedenheit mit dem Geschriebenen ab und setzt zu einem zweiten an, der seinen Zustand deutlicher und besser wiedergeben soll. Dazu bemerkt er, dass er ihn aus *1001 Nacht* ›abschreibe‹. Das geschieht in dem Sinne, dass er die Liebesgeschichte zwischen dem Prinzen Kamaralsaman und der Prinzessin Badur, auf sich bezogen, ›umschreibt‹. Er identifiziert sich mit dem Prinzen, benutzt ihn als Maske, hinter der er das vorbringen kann, was ihn eigentlich bewegt, »daß ich aus Liebe für Dir [!] sterbe«[17].

Fritz Simrock war nicht nur Brahms' Verleger und Freund, sondern ab 1882 zugleich auch dessen alleiniger Finanzverwalter, der sich um Brahms' sämtliche Geldangelegenheiten kümmerte und dem Brahms dabei völlig freie Hand ließ. Je nach Bedarf trat er an diesen heran und bat ihn um die Überweisung einer bestimmten Summe. In einem Brief an ihn vom 21. August 1875 tritt er als devoter Bittsteller auf, wobei er die Rolle durch manche ›ungewollt‹ humorvolle Bemerkung, wie der, dass er eine »Vergnügungsreise«[18] machen müsse, immer wieder durchbricht. Das Ganze lebt von der Dramatisierung der Lage des Bittstellers, indem von einer »schrecklichen Lage«[19], einer »entsetzlichen Zukunft«[20], einem »Abgrund«[21], der sich auftut, sowie von einem »feindlichen Schicksal«[22] die Rede ist. »Helfen, retten Sie!«[23], heißt es zum Schluss. Dieser dramatische Aufwand steht im grotesken Gegensatz zu der – objektiv betrachtet – relativ geringen Summe, um die gebeten wird, nämlich 100 Taler.

Zu besonderen Anlässen verschiedenster Art pflegte Fritz Simrock Brahms eine »Sendung Freß-, Trink- und Rauchwaren«[24], wie er es nannte, zukommen zu lassen. Für eine solche, die, neben den neusten Publikationen seines Verlags, aus Rheinwein und diversen Leckereien aus dem Berliner Delikatesswarengeschäft der Firma G. B. Borchardt bestand, bedankt sich Brahms am 3. November 1875 mit einem Brief hoffmanesker Art. Hier schlüpft er in die Rolle eines banausischen Musikliebhabers, der Erzähler in E. T. A. Hoffmanns *Kater Murr* nennt diese Philister »gierige ästhetische Leckermäuler«[25], indem er die musikalischen Werke mit Begriffen aus dem Bereich der Delikatessen beschreibt und die beiden Sphären dadurch miteinander vermischt. Dabei stößt das Banale mit dem Erhabenen, das Nützliche mit dem Idealen zusammen, wie wir es aus den Werken Hoffmanns kennen. Das alles geschieht nicht ohne einen Schuss von Selbstironie, wenn es am Schluss heißt: »Jetzt aber muß ich wieder ans Klavier, da liegt noch ein reizendes Stück – Aal; dann trinke ich noch ein Glas auf die ›Zierde der Firma‹. Bestens Ihr J. Br.«[26]

14 KST 1979, S. 48.
15 HÜB, S. 27.
16 BWSB I, S. 54.
17 Ebenda, S. 57.
18 BBW IX, S. 203.
19 Ebenda, S. 202.
20 Ebenda.
21 Ebenda.
22 Ebenda, S. 203
23 Ebenda.
24 WEF, S. 115.
25 HW III, S. 199.
26 BBW IX, S. 211.

Während Maria Fellinger sich um Brahms leibliches Wohl kümmerte, indem sie ihn beispielsweise regelmäßig mit allen möglichen Leckereien, auch aus seiner norddeutschen Heimat, versorgte, versuchte Richard Fellinger Brahms das Reisen zu erleichtern, indem er Zugverbindungen aus dem Kursbuch heraussuchte, Reiserouten erkundete und sich um den Gepäcktransport kümmerte (Fotografien des Ehepaars Fellinger siehe S. 134/135). Letzteres tat er auch in dem Falle, von dem in dem vorliegenden Brief die Rede ist. Er sandte Brahms' Koffer durch den Spediteur Petri in Wien an den Kaufmann Spring in Thun, wo Brahms im heutigen Stadtteil Hofstetten ab dem 15. Mai seinen diesjährigen Sommerurlaub verbrachte.

In diesem Brief an Richard Fellinger, in dem sich Brahms für die das Reisen erleichternde freundschaftliche Hilfe bedankt, schlüpft er in die Rolle des, so wie er es darstellt, philiströsen Kaufmanns Spring, der Dr. Br., ein gängiges Klischee bedienend, abfällig »so ein[en] Kunstmann« bzw. einen »wandernden Kunstmacher« nennt, ihm Geldmangel bzw. Zahlungsunwilligkeit unterstellt und dessen der Kunst und Kultur Italiens gewidmeten Unternehmungen als »Schnurrpfeifereien«, d. h. närrisches Tun, bezeichnet.

In diesem fingierten Brief ist in jedem einzelnen Satz die unbeschwerte Urlaubslaune des Schreibers zu spüren.

Brief X

An Joseph Joachim

Wien, 5. März 1888

Verehrter Joachim.

Ich dachte, Hausmann habe Partitur und Stimmen mitgenommen! Ich weiß Henschels Adresse nicht – magst Du deshalb wohl die Güte haben, ihn zu bitten, alles an Hausmann in Berlin zu schicken. Es wäre dann ja auch für Hamburg und Aachen, von wo ich nichts gehört, alles bei der Hand.

Für Deine freundlichen Mitteilungen schönsten Dank. Ich lasse mir nun einmal von so hübschen und erfreulichen Sachen lieber erzählen, als daß ich sie erlebe und all den Trubel dazu. Für mich ist f. a. e. ein Symbol geblieben, und darf ich es, trotz allem, wohl segnen. Wenn ich gleich Eure künstlerische Arbeit und Freude dort gewiß nicht unterschätze, so ist mir doch auch wieder mein bißchen Unabhängigkeit recht, und daß die englischen Pfunde bei mir nichts gelten und ich jetzt behaglich an einen Frühling in Sizilien denken kann.

Aber recht von Herzen grüße ich dorthin von Mizi bis zu Chiara hinauf und bin allezeit

Dein ergebenster

J. Br.

»Mein geliebter Johannes!«[1] und »Teurer Freund!«[2] – so fängt im Mai 1853 die Korrespondenz zwischen zwei schwärmerischen jungen Komponisten und ausübenden Musikern an: die von Joseph Joachim und Johannes Brahms, der eine ganz offen, der andere etwas zurückhaltend, was die Zuneigung angeht. Wenig

1 BBW V, S. 1.

2 Ebenda, S. 3.

später redet man sich dann mit »Herzlieber Freund!«[3] (Brahms) und »Lieber Herzensfreund!«[4] (Joachim) an, ein halbes Jahr darauf mit »Geliebtester Freund«[5] (Brahms) und »Mein lieber, lieber Johannes!«[6] (Joachim). Diese anfängliche freundschaftliche Hochstimmung bleibt viele Jahre erhalten und findet auch in den Grußformeln am Schluss der Mitteilungen ihren Ausdruck. In zwei Briefen aus dem Juli 1880 heißt es zum Beispiel: »In herzlichem Vertrauen und aufrichtiger Liebe Dein J. J.«[7] und »In herzlichster Gesinnung Dein Johannes«[8]. So ist es nur verständlich, dass man das Leben des anderen teilen und möglichst oft mit ihm zusammen sein möchte. Ist dies längere Zeit nicht möglich, so vermisst man den anderen. »Ich habe große Sehnsucht, Dich wiederzusehen!«[9], schreibt Joseph Joachim im September 1854 an Brahms, und dieser bekundet wenig später: »Ich habe unendliche Sehnsucht, Dich zu sehen und mit Dir zu leben«.[10] Daran ändert auch die Zeit nichts. Sechs Jahre später schreibt Joachim an Brahms: »[...] ich freue mich der lieben Aussicht, Monate in Deiner Nähe zu sein!«[11] Brahms geht es nicht anders. Im September 1861 teilt er Joachim mit: »Ich lebe nur das halbe Leben, da ich's so ganz ohne Dich lebe. Nicht nur, daß ich Dich nicht sehe, Deine Handschrift selbst habe ich Jahr und Tag nicht gesehen. Das halte ich nicht aus.«[12]

Diese tiefe freundschaftliche Zugewandtheit fand schon früh, im Oktober 1853, einen musikalischen Ausdruck, indem sich Brahms mit einem Scherzo an einer *Violinsonate* in F-Dur auf die Töne f. a. e. [= frei aber einsam] beteiligte, die er zusammen mit Robert Schumann und dessen Schüler Albert Dietrich komponierte, um Joachim in Düsseldorf angemessen zu empfangen.

Als sich Joseph Joachim – entgegen seinem nirgendwo belegten Lebensmotto ›Frei aber einsam‹ – am 11. Februar 1863 mit der Altistin Amalie Schneeweiß verlobte und sie am 10. Juni desselben Jahres heiratete, änderte sich an der freundschaftlichen Beziehung der beiden zunächst nichts. Als Joachim Brahms von seiner Verlobung berichtet, reagiert dieser mit einem umfangreichen Gratulationsbrief, den er mit den Worten »Du Glücklicher!«[13] beginnt und in dem er bekennt, wie betroffen ihn diese Nachricht gemacht habe, weil er gerade insgeheim mit ähnlichen Gedanken, von »Träumen«[14] ist die Rede, umgegangen sei, nämlich selbst eine Familie zu haben.

Diese Träume wurden, wie wir wissen, nie verwirklicht. Doch nicht weniger anteilnehmend begleitete Brahms das Wachsen der Joachimschen Familie. Als 1864 das erste von sechs Kindern, ein Sohn, geboren wurde, nannte ihn Joachim Johannes, ein Ausdruck der besonderen Beziehung zu Brahms, der auch Pate des Kindes wurde.

Schon 1870 kamen Gerüchte auf, dass es Eheprobleme zwischen Amalie und Joseph Joachim gebe, und Clara Schumann bekundete gegenüber Brahms, dass sie den Eindruck habe, Joachim sei nicht glücklich. Zehn Jahre später ließ es sich nicht mehr verheimlichen, dass die Ehe in einer tiefen Krise steckte. Joseph Joachim verdächtigte seine Frau der Untreue und unterstellte ihr eine Beziehung zu dem Verleger Fritz Simrock. Brahms war jedoch von Amalies Unschuld überzeugt. Dies war mehrfach Gegenstand ihrer Unterhaltung und ihrer Korrespondenz. Dass es schließlich zur Trennung der beiden kommt, bedauert Brahms sehr. Das zeigt sein Brief an Joachim vom 27. Juli 1880, in dem es heißt: »Es hat mich ernstlich traurig gemacht und kommt mir oft und schwer genug in die Gedanken. Wie vieles vereinigte sich bei Euch, das an ein langes glückliches Zusammenleben glauben ließ. Und nun – !«[15] Als Kollateralschaden des Ehezwistes kommt es dann auch zu »einer zerrissenen Freundschaft«[16], wie Brahms es nennt, weil er in der weiteren Auseinandersetzung der Eheleute für Amalie Partei ergreift.

Der Grund, weswegen Joachim besonders betroffen über Brahms Haltung ist, geht aus einem Brief hervor, den er ebenfalls am 27. Juli 1880 an Brahms schickt, sowie aus einem weiteren von Anfang November. An seinen »liebe[n], älteste[n] Freund«[17] schreibt er: »Unendlich viel läge mir daran, Dich zu sprechen; ich gebe so viel auf Dich als Mensch, daß es mir eine Erquickung wäre.«[18] Dieselbe Wertschätzung spricht auch aus dem zweiten Brief: »Du weißt, lieber Freund, welch großes Gewicht ich auch auf Dein Urteil in allgemein menschlichen Dingen lege, daß ich Dich für gescheit und gerecht halte usw. […]«.[19]

3 BBW V, S. 6.
4 Ebenda, S. 21.
5 Ebenda, S. 41.
6 Ebenda, S. 53.
7 Ebenda, S. 173.
8 Ebenda, S. 175.
9 Ebenda, S. 54.
10 Ebenda, S. 56.
11 Ebenda, S. 282.
12 Ebenda, S. 299.
13 BBW VI, S. 2.
14 Ebenda, S. 3.
15 Ebenda, S. 175.
16 Ebenda.
17 Ebenda, S. 174.
18 Ebenda, S. 176.
19 Ebenda, S. 182.

Brahms ließ sich jedoch nicht umstimmen. Als Joachim Mitte November den Glauben hegte, dass sein Familienleben wiederhergestellt werden könnte, unterstützte ihn Brahms darin. Im Juni des folgenden Jahres schien sich aus Brahms Sicht die »ernsteste Angelegenheit«[20] Joachims zu verlaufen, und er war froh, wie er Joachim mitteilte, dass er sich nicht schlimm getäuscht habe und nicht genötigt sei, ihm recht zu geben.

Was Joachim zu diesem Zeitpunkt offenbar noch nicht wusste, war, dass Brahms im Dezember 1880 einen umfangreichen Brief an seine Ehefrau geschrieben hatte, in welchem er ihr als aufrichtiger, treuer Freund mitteilte, dass er sie für unschuldig halte und ganz auf ihrer Seite stehe. Ihrem Mann wirft er einen schweren Charakterfehler, krankhafte Eifersucht, vor, mit dem er sich und andere in unverantwortlicher Weise gequält habe. Er habe ihr und Fritz Simrock großes Unrecht getan. In einem zweiten Brief autorisierte er sie, von seinen Äußerungen im ersten Brief Gebrauch zu machen, wann immer sie es für angemessen und richtig hielte. Er war dann allerdings überrascht, als sie den Brief zu ihrer Verteidigung im Scheidungsprozess vor Gericht vorlegte. Als Joseph Joachim von dem Vorgang erfuhr, fühlte er sich hintergangen und verraten und brach die Beziehung zu Brahms ab.

Wie viel Brahms die Freundschaft zu Joachim bedeutet haben muss – nirgendwo äußert er sich direkt dazu –, kann man daraus erschließen, wie nachdrücklich und beharrend er versucht, Joachim als Freund zurückzugewinnen. Er ringt um diese Freundschaft und umwirbt den Freund auf vielfache Weise.

Nachdem die Korrespondenz gut zwei Jahre geruht hat, nimmt Brahms am 30. Oktober 1883 den Kontakt zu Joachim wieder auf und schreibt ihm: »Kurz, wenn Du trotz dieses Vorgangs [gemeint ist seine Parteinahme für Amalie Joachim], den ich bedaure, aber für den ich nicht um Verzeihung bitten kann, ein erträgliches Verhältnis unsererseits gestatten kannst – so möchte ich die Hand geboten haben.«[21] Dann macht Brahms das, was er in den kommenden Jahren immer wieder tun wird, nämlich Joachim ein neues Werk zur Aufführung anbieten, in diesem Falle die *Dritte Symphonie* op. 90. Joachim, von Brahms Zeilen »bis ins Innerste«[22] getroffen, geht auf die gebotene Hand ein und rechnet Brahms die ihm gegebene Möglichkeit einer Aufführung als besondere Ehre an. Er schließt seinen Brief mit den Worten: »Kannst Du mir Deine Partitur bald schicken, um mir früher den unwandelbaren Genuß, etwas Neues von Dir kennen zu lernen, zu schaffen, so findet sie mich von Montag ab wieder in Berlin.«[23] Brahms ist über die Zusage hocherfreut und sichert Joachim das Erstaufführungsrecht für Berlin zu. Das bringt ihn allerdings in Schwierigkeiten, weil er dies schon seinem Freund Franz Wüllner versprochen hat, zu der Zeit Gastdirigent bei den Berliner Philharmonikern. Wüllner, der um das schwierige Verhältnis zwischen Brahms und Joachim weiß, lässt sich Brahms zuliebe auf einen Kompromiss ein, der darin besteht, dass Joachim das Werk am 4. Januar 1884 bei einem Akademie-Konzert aufführen soll, Wüllner das Werk darauf dann beim 1. Abonnementskonzert am 28. Januar. Kompliziert wird die Angelegenheit noch dadurch, dass Joachim Brahms das Dirigat anbietet. Dies lehnt Brahms ab und erscheint auch nicht zur Aufführung. Bei Wüllner spielt er sein *Erstes Klavierkonzert* und dirigiert auch seine *Dritte Symphonie*, was Joachim ihm offensichtlich nicht übel nimmt, denn er schreibt ihm am 27. Januar 1884: »Sagen soll ein Wort Dir doch, wie unendlich leid es mir tut, Deine Sinfonie morgen nicht unter Deiner Leitung zu hören; denn wenn ich auch kein Anrecht an Deine Person mehr habe, die Liebe zu dem, das Du schaffest, bleibt mir.«[24] Und er schließt seinen Brief mit dem angedeuteten Wunsch, Brahms zu sehen: »Ich komme schon am 29ten um 6½ morgens nach Berlin zurück; willst Du mich sehen, so schreibe mir ein Wort.«[25] Brahms scheut aber eine persönliche Begegnung und lehnt mit dem fadenscheinigen Grund ab, dass er den einzigen freien Tag »für eine Masse Korrespondenz«[26] benötige. Darauf bricht der briefliche Kontakt zwischen beiden abermals für fast zwei Jahre ab. Hierfür ist aber die Ablehnung Brahms', Joachim zu treffen, nicht der alleinige Grund: Im Dezember 1884 wird die offizielle Scheidung zwischen Joachim und seiner Frau ausgesprochen, die Joachim sehr zusetzt.

Als dieser am 3. November 1885 den Kontakt wieder aufnimmt, ist und bleibt die Beziehung zunächst merklich abgekühlt. Das zeigen schon die Anreden

20 BBW VI, S. 188.
21 Ebenda, S. 190f.
22 Ebenda, S. 191.
23 Ebenda, S. 192.
24 Ebenda, S. 197.
25 Ebenda, S. 197f.
26 Ebenda, S. 198.

und Schlussformeln beider Briefe, an denen man wie bei einem Thermometer den Zustand der Zuneigung ablesen kann. Joachim trennt strikt zwischen Mensch und Komponist. So redet er Brahms, Distanz zum Menschen Brahms wahrend, mit »Verehrter Meister!«[27], »Herrlicher Tondichter!«[28] und «Lieber und hochverehrter Meister!«[29] an und schließt mit Grußformeln wie »In Verehrung ergeben Joseph Joachim«[30] oder »In Verehrung getreu Joseph Joachim«[31]. Die verwendeten Ausrufungszeichen verleihen dem Ganzen noch einen besonderen Nachdruck. Brahms hingegen versucht, diese Distanz zu überwinden und an das alte Verhältnis menschlich-persönlich anzuknüpfen, indem er »Verehrter lieber Freund«[32] schreibt oder »Lieber Joachim«[33] und mit »Dein J. Brahms«[34] oder, an Joachims Formulierungen etwas angepasst, aber das persönlich zugewandte »Dein« benutzend, mit »Dein verehrend ergebener J. Brahms«[35] zeichnet.

Abermals führt ein neu entstandenes Werk Brahms und Joachim zusammen. Joachim hat beim Ehepaar Herzogenberg die *Vierte Symphonie* op. 98 im Klavierauszug kennengelernt und möchte die »herrliche Schöpfung«[36] möglichst bald in der Orchesterfassung hören, das heißt selber aufführen, und er hat auch schon drei Termine dafür parat. Brahms dankt ihm von Herzen und teilt ihm mit, dass er ihm zuvorgekommen sei, er habe ihm das Werk ohnehin anbieten wollen. Joachim zeigt sich darüber hocherfreut und verspricht: »Es wird mir ein wahres musikalisches Fest sein, meine beste Kraft ans Einstudieren zu wenden!«[37] Dies tat Joachim auch. Wie aus seinen Briefen vom 1. und 2. Februar 1886 hervorgeht, fand die Aufführung nach drei Proben und einer Generalprobe im Akademie-Konzert am 1. Februar statt. »Deine Sinfonie hat die Leute begeistert«, schreibt er an Brahms am Tag danach und fährt dann fort, »man merkte es wirklich dem Orchester an, wie es von der Schönheit Deiner Schöpfung erfüllt war.«[38]

Die Fertigstellung des *Konzerts für Violine und Cello* op. 102 bietet Brahms wiederum Anlass, erneut mit Joachim in Kontakt zu treten und zu versuchen, ihn als Freund zurückzugewinnen. Brahms kündigt dies Doppelkonzert Franz Wüllner und Clara Schumann auf die Weise an, dass er ihnen mitteilt, er habe einen »kuriosen Einfall«[39] bzw. einen »lustigen Einfall«[40] gehabt und dabei sei dies Konzert herausgekommen. Gegenüber Joachim ist er etwas ausführlicher: »Aber mache Dich auf einen kleinen Schreck gefaßt! Ich konnte nämlich derzeit den Einfällen zu einem Konzert für ›Violine und Violoncello‹ nicht widerstehen, so sehr ich es mir auch immer wieder auszureden versuchte.«[41] Was Brahms hier erfährt, kann man bei allen Künsten beobachten: wie kreatives Arbeiten funktioniert. Der Maler Théodore Strawinsky – er ist der älteste Sohn des Komponisten Igor Strawinsky – hat sich dazu wie folgt geäußert: »Vom Entwurf her entwickelt sich gewissermaßen das Werk, es ›verselbständigt‹ sich und führt oft zu ganz unerwarteten, überraschenden Ergebnissen, die ich so nicht zu Ende gedacht hatte.«[42] Pablo Picasso bemerkte einmal etwas Ähnliches, als er schrieb: »Ein Bild ist nicht von vornherein fertig ausgedacht und festgelegt. Während man daran arbeitet, verändert es sich in gleichem Maße wie die Gedanken.«[43] Aber auch im Bereich der Literatur tritt dieses Phänomen auf. So vertraut der Schriftsteller Peter Handke seinem Tagebuch an: »Schreiben: sich von sich überraschen lassen.«[44] Genau das passiert offenbar Brahms. Ursprünglich hatte er vor – das darf man mit einiger Sicherheit dem an den Cellisten Robert Hausmann gerichteten Brief vom 10. August 1887 entnehmen –, ein längeres Werk, eben ein Konzert für Cello, zu schreiben. Wie es dann zu dem Doppelkonzert kam, darüber sollte Brahms später einmal, sich den Vorgang bewusst machend, sagen: »Jetzt weiß ich, was mir die ganzen Jahre her gefehlt hat: es war der Ton von Joachims Geige.«[45]

Brahms kündigt Joachim das neue Werk – typisch für ihn, aber bei dem gegenwärtigen Stand ihrer Beziehung verständlich – mit einer Postkarte an, und das in kryptischer Weise, wie er es manchmal liebt. Der Text lautet: »Verehrter! Ich hätte Dir gern eine Mitteilung künstlerischer Art gemacht, für die ich mir herzlich Dein Interesse, mehr oder weniger, wünsche.«[46] Prompt, zwei Tage später, am 21. Juli 1887, reagiert

27 BBW VI.
28 Ebenda, S. 207.
29 Ebenda, S. 211.
30 Ebenda, S. 199.
31 Ebenda, S. 204.
32 Ebenda, S. 199.
33 Ebenda, S. 209.
34 Ebenda, S. 200.
35 Ebenda, S. 203.
36 Ebenda, S. 206.
37 Ebenda, S. 200.
38 Ebenda, S. 207.
39 BBW XV, S. 144.
40 BWSB II, S. 322.
41 BBW VI, S. 215.
42 ThSt, S. 14.
43 Hamburger Abendblatt, 10./11. März 1956.
44 PH, S. 231.
45 BWBiBr, S. 421.
46 BBW VI, S. 214.

Joachim mit dem Satz: »Hoffentlich geben sie [die Mitteilungen] von einem neuen Werk Kunde, nachdem ich mit wahrem Entzücken die letzten Opera [99–101] durchgelesen und gespielt.«[47] Darauf teilt Brahms ihm mit, dass es sich um ein Doppelkonzert handelt. Ganz vorsichtig tastet er sich am 24. Juli vor, was Joachim wohl dazu sagen wird, wie er sich dazu »verhalten«[48] könnte. Er möge sich nicht genieren, schreibt er ihm, ihm knapp mitzuteilen, wenn er darauf verzichten möchte, das Werk kennenzulernen. Außerdem bietet er ihm eine Probe des Werkes an, bittet ihn und Robert Hausmann, die Sache auf ihre Spielbarkeit anzusehen und eventuell mit ihm das Werk am Klavier zu versuchen. Auch eine Aufführung mit den beiden in irgendeiner beliebigen Stadt kann er sich vorstellen. Und am Schluss heißt es vorsichtig und zurückhaltend, aber doch eindeutig: »Ich sage nicht laut und ausführlich, was ich leise hoffe und wünsche.«[49] Als zwei Tage später noch keine Antwort von Joachim eingetroffen ist, wird Brahms ungeduldig und schickt Folgendes hinterher: »Darf ich zunächst recht sehr bitten, jedenfalls (nur durch Karte) mit einem Wort zu sagen, daß meine Schreiberei angekommen ist. Daß ich dann weiter bitten möchte und sehr begierig auf weiteres bin, versteht sich.«[50] Die Empfangsbestätigung kommt am nächsten Tag und lautet: »Deine Doppelstimme ist angekommen; das Stück scheint, soviel ich bei flüchtigem Durchnaschen sehen konnte, lebendig und erfreulich!«[51] Am Ende des Monats versichert Joachim Brahms, dass er und Hausmann, so Brahms dies wünsche, jederzeit bereit seien und seinem Wunsch mit Freude entsprechen würden. Als Probierplatz schlägt Joachim Köln vor. Letzteres greift Brahms auf, und durch Vermittlung von Franz Wüllner, Dirigent des Gürzenich-Orchesters, wird Köln zwar nicht der Probenort, sondern der der Uraufführung des Werkes.

Als Ort für die Proben wurde schließlich von den Dreien Baden-Baden ausgewählt, damit die gemeinsame Freundin Clara Schumann daran teilnehmen konnte. Das war aber aus Brahms' Sicht nicht der einzige Grund. Dort musste er Joseph Joachim, dem er jahrelang aus dem Weg gegangen war, nicht allein gegenübertreten, sondern hatte Clara Schumann an seiner Seite, die ein ähnlich kompliziertes Verhältnis zu Joachim hatte wie er. Die Klavierproben fanden am 21. und 22. September im Hotel ›Deutsches Haus‹ statt, in dem Clara Schumann abgestiegen war, eine private Probe mit Orchester im Kursaal des Ortes. Alles verlief offensichtlich harmonisch, und Brahms und Joachim kamen einander wieder näher. Das geht aus dem Brief von Anfang Oktober 1887 hervor, in welchem Brahms zum Ausdruck bringt, wie wert und lieb ihm das Zusammensein in Baden-Baden gewesen und wie dankbar er für alles Mögliche sei. Und er schließt den Brief in »glücklicher und dankbarer Erinnerung der schönen Badener Tage«[52]. Insofern hat der Eintrag, den Clara Schumann am 21. September in ihr Tagebuch machte, eine gewisse Berechtigung, wenn es dort heißt: »Es ist dies Concert gewissermaßen ein Versöhnungswerk.«[53]

Damit mag sich Brahms aber offenbar nicht zufriedengeben. Zwei Monate nach der Uraufführung des Werks am 18. Oktober 1887 in Köln spricht er in seinem Brief an Joachim vom 16. Dezember nicht nur bewusst von »unser[em!] Doppelkonzert«[54], um seine freundschaftliche Verbundenheit mit Joachim zum Ausdruck zu bringen. Er unternimmt noch einen weiteren Versuch in dieser Richtung. Als im Juni 1888 das Doppelkonzert bei Fritz Simrock im Druck erscheint, sendet Brahms ein Exemplar der Partitur an Joachim und versieht sie mit der Widmung: »An den, für den es geschrieben ist.«[55] Joachim bedankt sich dafür am 3. Juli, nachdem er das Konzert in Berlin zusammen mit dem Cellisten Julius Klengel erfolgreich aufgeführt hat, und schreibt an Brahms: »Und nun möchte ich sagen, wie dankbar ich für die Partitur und die unerwartet lieben Worte darauf bin; zu so herrlichem Kunstwerk Anlaß zu bieten, ist etwas, auf das meine Geige stolz sein darf!«[56] Anlass für das Doppelkonzert gegeben zu haben, darf Joachim aufgrund der Widmung wohl annehmen, aber dies entspricht nicht den Tatsachen, und man darf bezweifeln, ob Brahms es mit dieser Widmung ganz ehrlich gemeint hat und nicht strategische Absichten hegte, die darauf zielten, Joachim als Freund ganz wiederzugewinnen. Anlass für das Werk gab eindeutig Robert Hausmann, mit dem Brahms am 4. November 1886 seine *Zweite Cello-Sonate* F-Dur op. 99 in Wien uraufgeführt und

47 BBW VI, S. 215.
48 Ebenda, S. 215.
49 Ebenda, S. 216.
50 Ebenda, S. 217.
51 Ebenda, S. 217.
52 Ebenda, S. 226.
53 CSTb III, S. 496.
54 BBW VI, S. 226.
55 Ebenda, S. 232.
56 Ebenda, S. 232.

dessen Cellospiel er besonders schätzen gelernt hatte. Hinzu kommt, dass er Hausmann als Zeichen seiner Wertschätzung und seines Dankes das Autograph des Werkes zum Geschenk machen wollte – so wie er es früher beispielsweise mit dem Manuskript des *Ersten Klavierkonzerts* op. 15 bei Joachim gemacht hatte. Überbescheiden wie Brahms es gegenüber Personen, die ihm nicht sehr vertraut waren, manchmal war, wollte er sich hier, wie er es empfand, nicht mit so einem ehrenvollen Geschenk aufdrängen. Der Auftrag, den er dafür seinem Verleger gab, fiel aber so kryptisch aus, dass dieser dem Wunsch von Brahms nicht nachkam. Er lautete: »Hausmann fragen Sie wohl, was er will? Er könnte auch das Manuskript haben, falls es ihm Spaß macht.«[57] Der Gedanke, der dahinterstand, verliert dadurch aber nicht seine Bedeutung.

Über allem darf man nicht vergessen, welche eminente Rolle Joseph Joachim in der Aufführungsgeschichte der Brahmsschen Werke sowie bei deren Verbreitung und Durchsetzung gespielt hat. So nahm er an zehn Uraufführungen teil, entweder als Dirigent, Solist oder Leiter seines Quartetts. Darunter befinden sich so wichtige Werke wie das *Erste Klavierkonzert*, das *Violinkonzert* und eben das *Konzert für Violine und Cello*. Und bei seinen häufigen Gastspielen in England, dies nur als Beispiel, führte er immer wieder Werke von Brahms auf. Wie aus seinem Brief vom 29. Februar 1888 aus London hervorgeht, spielten er und Robert Hausmann das Doppelkonzert dort schon gut vier Monate nach der Uraufführung, und zwar gleich zweimal unter der Leitung des mit Brahms befreundeten Dirigenten Sir Georg[e] Henschel; hätte Hausmann nicht vorzeitig abreisen müssen, hätten sie es ein drittes Mal aufführen können. »Es ging hier vortrefflich«, schreibt Joachim, »auch gefiel es sehr; mir auch immer besser«.[58] Er schließt mit dem Bedauern, dass Brahms es immer wieder abgelehnt habe, in England zu konzertieren, wo man seine Musik liebt und ihn als Komponisten respektiert.

Darauf bezieht sich Brahms in dem vorliegenden Brief vom 5. März 1888. Mittelpunkt dieses Briefes ist aber sein allerletzter Versuch, Joachim als Freund zurückzugewinnen, wohl in der Hoffnung, dass die zurückliegende erfolgreiche künstlerische Zusammenarbeit beim Doppelkonzert sich positiv auf die menschliche Beziehung auswirken könnte. So beschwört er alte Zeiten herauf, wo sie noch ein Herz und eine Seele waren, indem er sich auf Joachims Motto aus der Jugendzeit bezieht, und er gibt seiner Aussage dadurch einen religiösen Anklang, dass er den Begriff »segnen« verwendet. Das schwächt er aber sogleich wieder dadurch ab, dass er das »f[rei]« in Joachims Motto humorvoll als »[s]ein bißchen Unabhängigkeit«[59] uminterpretiert.

Wie alle früheren Versuche der menschlichen Wiederannäherung misslingt auch dieser. Die einstige Herzlichkeit kann nicht wiederhergestellt werden, was aber der gemeinsamen künstlerischen Arbeit nicht im Wege steht. So macht Joachim, was zum Beispiel das Doppelkonzert angeht, weiterhin Vorschläge zur besseren Spielbarkeit, wofür sich Brahms am 25. April 1888 bei Joachim wie folgt bedankt: »Nun denn nochmals Dank für die letzte und alle früheren Guttaten an meinem Stück, das ich wohl zärtlicher als andere ansehen werde, der schönen Erinnerungen wegen, die es mir verschafft. In stets gleicher Ergebenheit J. Brahms.«[60]

57 BBW XI, S. 185.
58 BBW VI, S. 228.
59 Ebenda, S. 229.
60 Ebenda, S. 231.

Brief XI

An Clara Schumann

Thun, im Juni 1888

Liebe Clara,
Deinen freundlichen Geburtstags-Gruß habe ich noch in W[ien] erhalten und seitdem meine allerschönste italienische Fahrt gemacht – aber jede folgende ist wohl die schönste!

Ich hätte mögen über Frankfurt fahren, um Dir mit Buch und Bildern in der Hand zu erzählen. – Hier – hat mich zudem ein arger Stoß Briefe erwartet, und wenn ich mich auch nicht mit der Erledigung übereile, so nimmt das doch die Behaglichkeit.

Vor allem hatte ich an Widmann den allerangenehmsten Gefährten, und hat uns beide wieder auf der ganzen Tour das herrlichste Wetter treulich begleitet. In der ganzen Zeit hatten wir einzig vor der Abfahrt von Rom ein kleines Gewitter, also eine erwünschte Abkühlung für die Reise.

Möchtet Ihr nun Euren Gsell-Fels oder was sonst zur Hand nehmen, so brauche ich nur die Namen zu nennen, und Ihr könnt nachlesen, worüber alles ich mich zu freuen hatte. In Verona konnte ich noch die letzte halbe Stunde meines Geburtstages feiern. Dann kam Bologna (Ausstellung), Rimini (am adriatischen Meer), von wo aus wir auch die kleine Republik S. Marino besuchten, Ancona (mit Ausflug nach Loreto), Spoleto (nach Montescasa [Monteluco] hinauf), Ferni (Wasserfall), Rom. Hier machten wir namentlich die schönsten Ausflüge in die Umgegend.

In Frascati wohnt der Schriftsteller Richard Voß in der Villa Falconieri (Ihr kennt vielleicht die neueste Novelle von P. Heyse, die dort geschrieben ist und so heißt). Mit Voß zum alten griechischen Theater etc. Dann Tivoli (wieder Wasserfall – aber wie!) und zum Tyrrhenischen Meer, nach Porto d'Anzio und Nettuno. Ein paar Tage in Florenz und dann durch den Gotthard. Hier machten wir ein schönes Finale, indem wir in Göschenen ausstiegen, in

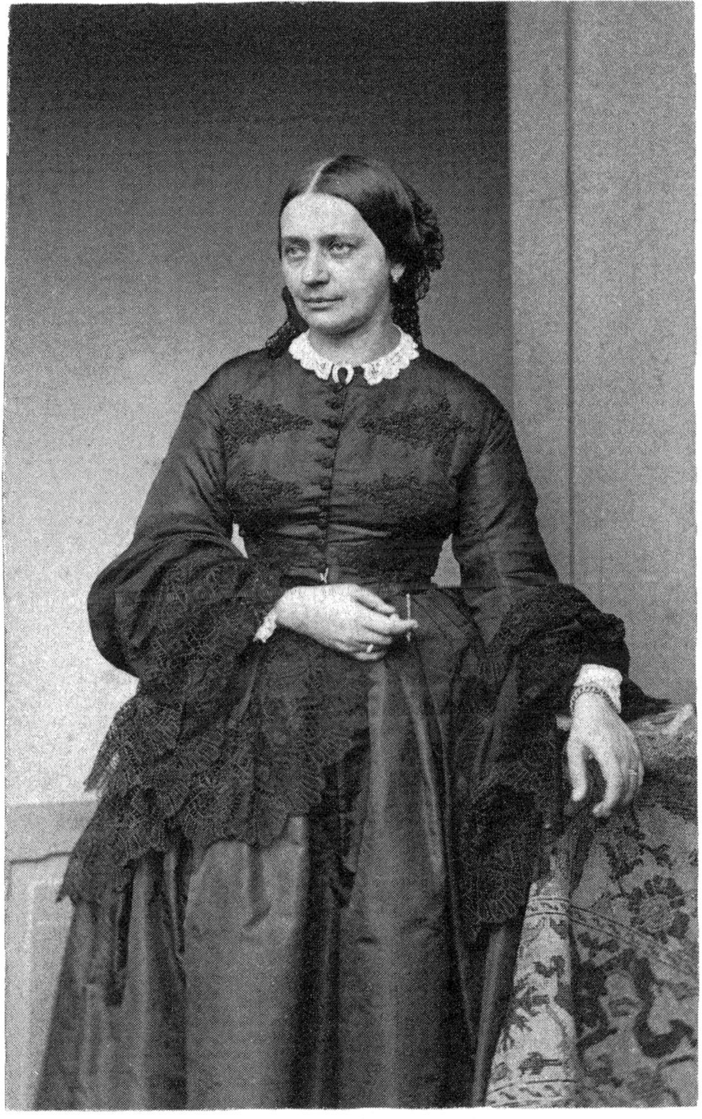

Clara Schumann, ca. 1870
(Brahms-Institut an der Musikhochschule Lübeck)

Andermatt übernachteten und dann morgens 6–7 Stunden das herrliche Reußtal hinab bis Ersfeld gingen. Dann nach Bern und ich vorgestern hierher.

Das ist nun keine Reisebeschreibung, mit einem Buch in der Hand kannst Du es aber dazu machen und dabei denken an zwei rüstige, fröhliche und empfängliche Menschen, und daß diese auch

nicht das kleinste Stündchen ohne Freude und Genuß waren, auch nicht den kleinsten Ärger auf der ganzen Reise hatten – von Insekten z.B. nur die schönsten Glühwürmchen!

Obwohl wir auch nicht von der Hitze zu leiden hatten, freue ich mich doch hier des kühleren jungen Frühlings.

Dir geht es hoffentlich vortrefflich, und taumelt Ihr vergnügt von einem Fest zum andern. Einweihung, Jubiläums – jetzt kommt wohl das Raff-Denkmal? Dann aber wünsche ich Euch schönste Sommerruhe in Berchtesgaden und wo sonst – warum kann's nicht Thun sein!

Von Herzen Dich und die Deinen
grüßend
J. B.

Ja, Johannes Brahms konnte sich auch begeistern und schwärmen. Etwa wenn es um Musik ging. So liest man beispielsweise: »Ich schwelge in Mozarts Sonaten!«[1] Oder: »Das A moll-Konzert [Nr. 22] von Viotti ist meine ganz besondere Schwärmerei. Es ist ein Prachtstück, von einer merkwürdigen Freiheit in der Erfindung, als ob er phantasiere, klingt es, und ist alles meisterhaft gedacht und gemacht.«[2] Und schließlich: »Die Chaconne [von Johann Sebastian Bach] ist mir eines der wunderbarsten, unbegreiflichsten Musikstücke. Auf ein System, für ein kleines Instrument schreibt der Mann eine ganze Welt von tiefsten Gedanken und gewaltigsten Empfindungen. Wollte ich mir vorstellen, ich hätte das Stück machen, empfangen können, ich weiß sicher, die übergroße Aufregung und Erschütterung hätte mich verrückt gemacht.«[3] Aber auch von eigenen Werken, man mag es kaum glauben, konnte Brahms schwärmen, beispielsweise von seinen späten *Klavierstücken* op. 116, 117 und 119 – aber erst, nachdem Clara Schumann sich begeistert über sie geäußert hatte. Darauf schreibt er im November 1892: »Aber wenn der Brief nicht schon so lang wäre, würde ich von meinen Klavierstücken anfangen und wie vergnügt ich bin, daß sie Dir Freude machen. Seitdem spiele ich sie mir selbst ganz schwärmerisch vor und finde gar nichts auszusetzen.«[4] Und als sie vom *Klavierstück* op. 119, Nr. 1 schwärmt, kann er sich nicht zurückhalten und schreibt ihr eine Postkarte, auf der es heißt: »Ich muß Dir doch gleich mit einem Wort sagen, wie sehr mich Dein Gefallen an meinem kleinen Stück freut. Ich hatte das wirklich nicht erwartet und werde jetzt ganz beruhigt und ungeniert es mir am Klavier vorschwärmen«[5] – und um nicht allzu schwärmerisch zu erscheinen, schwächt er diese Aussage sogleich mit einem kleinen Witz ab, indem er den Satz endet: » – wie mit hoher polizeilicher Erlaubnis!«[6]

Johannes Brahms war von Jugend an ein begeisterter Leser, kaufte Bücher, wenn er »nur einige Taler«[7] besaß – oder auch nicht –, und baute sich schon in jungen Jahren eine breit angelegte Bibliothek auf. Wohl angeregt durch Joseph Joachim, lernte er früh Werke von Heinrich von Kleist kennen und schätzen. Davon gibt ein Brief an Clara Schumann Zeugnis, den er am 26. Februar 1856 nach einer, für ihn allerdings enttäuschenden, Aufführung von Kleists *Käthchen von Heilbronn* in Düsseldorf an sie sandte. Darin heißt es: »Kleist ist nun ein so großer Liebling von mir wie wenige. Seine Schauspiele und Erzählungen lese ich immer mit demselben Entzücken und lieber wie alles andere Neue.«[8] Über keinen anderen Autor, den er vermehrt um die Mitte der 1850er Jahre gelesen hat, wie E.T.A. Hoffmann, Ludwig Uhland und Jean Paul, hat er sich derart begeistert geäußert.

Neben derartigen geistigen Genüssen schätzte Brahms auch leibliche. Das konnten einfach regional typische Speisen sein bis hin zu ausgefallenen Gerichten und Getränken bei besonderen Anlässen. Unter seinen Freunden und Bekannten galt Brahms als »gewaltiger Feinschmecker«[9]. Dafür zwei Beispiele:

1 BWSB I, S. 181.
2 Ebenda, S. 145.
3 Ebenda, S. 111.
4 Ebenda, S. 491.
5 Ebenda, S. 515.
6 Ebenda.
7 BBW V, S. 56.
8 BWSB I, S. 178.
9 RKH, S. 36.

Als er zu seinem 39. Geburtstag am 7. Mai 1872 von seinem Vater einen kleinen Aal, eine Lieblingsspeise, geschenkt bekommt, bedankt er sich bei diesem mit den Worten: »Liebster Vater, ich muß Dir doch für Deinen langen und wohlschmeckenden Geburtstagsgruß danken! Er war ganz außerordentlich gut und hatte durch die Reise nichts verloren an Saft und Wohlgeschmack. Ordentlich geschwelgt habe ich.«[10] Viele Jahre später, im März 1891, berichtet er Clara Schumann aus Meiningen, wo er am 15. März von Herzog Georg II. zur »herzoglichen Mittagstafel«[11] eingeladen war: »Hier vergeht ein Tag nach dem andern so leicht und so schön, daß man schwer zum Abfahren kommt. Dazu geht die Frankfurter Schlemmerei [bei Clara Schumann] so fort! Jeden Tag Champagner und was sonst für Herrlichkeiten«[12] – in diesem Falle eine Folge von zehn Gängen mit neun begleitenden Weinen.

Auch von Städten und Ländern konnte Brahms schwärmen, so beispielsweise von Italien. Eine frühe Erwähnung von Italien als einem möglichen Reiseziel findet sich in einem Brief, den ihm sein enger Freund Hermann Levi am 2. April 1872 nach Wien sendet. Im Zuge seiner beruflichen Veränderung von Karlsruhe nach München, wo Levi zum Saisonanfang 1872/73 den Posten des Hofkapellmeisters übernehmen soll, beabsichtigt er, sich vor Antritt dieser Stelle eine kleine Auszeit zu nehmen. Sie besteht aus einer drei- bis vierwöchigen Reise nach Italien im September/Oktober 1872. Er bittet Brahms, sich doch zu überlegen, ob er nicht als sein Reisebegleiter mitreisen will. Brahms ist jedoch zeitlich und örtlich gebunden, da er zur selben Zeit seinen Posten als Musikdirektor der Gesellschaft der Musikfreunde in Wien antreten soll. Er verfolgt aber aufmerksam die einzelnen Stationen von Levis Reise und beneidet diesen um das, was er alles an »Wunderwerken«[13] zu sehen bekommt. Ein weiterer Hinweis auf Italien findet sich zwei Jahre später in einem Brief an Clara Schumann vom 19. März 1874, in dem Brahms lapidar bemerkt: »Viele Leute reisen nach Italien, von den Bekannten z.B. Billroth, Hanslick, Dr. Ebner etc.«[14] Doch noch kommt es seinerseits nicht zu einem konkreten Plan oder zu einer Entscheidung. Nachdem Brahms seinen Posten als Dirigent der Gesellschaftskonzerte in Wien am 3. April 1875 gekündigt hat und er dadurch beruflich wie zeitlich wieder unabhängiger geworden ist, rückt Italien als Urlaubsland jedoch wieder in sein Blickfeld. Kaum eine Woche danach schreibt er an Hermann Levi: »[…] ich weiß nicht, wohin mich der Weg führt. Der Tisch liegt voll italienischer Reisebücher, doch denke ich dies bis zum Herbst zu lassen.«[15] Das geschieht, und er zögert noch viel länger: Bis er schließlich selbst zum ersten Mal dorthin aufbrach, sollten noch weitere drei Jahre vergehen. Diese Reise, die vom 9. April bis zum 5. Mai 1878 dauerte und nach Florenz, Perugia, Assisi, Rom und Neapel führte, unternahm er zusammen mit dem Chirurgen Theodor Billroth und dem Komponisten Carl Goldmark. Darüber schreibt er nach seiner Rückkehr noch im Mai kurz und knapp an Joseph Joachim aus Pörtschach am Wörthersee, seinem sommerlichen Urlaubsort: »Ich bin wieder in Kärnten hängen geblieben; aus Österreich gehe ich immer ungerner hinaus – wenn ich mir nicht etwa gar Italien angewöhne. Meine neuliche Probefahrt durch das Land war herrlich. Hoffentlich aber war's nur ein Vorläufiges und nehme ich's das nächste Mal und bald ernstlicher!«[16] Wie die Bilanz zeigt, hat sich Brahms Italien angewöhnt: Insgesamt wurden es schließlich neun Reisen dorthin.

Die erste wie auch alle weiteren acht Italien-Reisen bereitete Brahms akribisch mit Hilfe von Reiseführern und weiterer -literatur sowie Büchern über die Kultur und Geschichte Italiens vor. An erster Stelle ist der von Brahms nachdrücklich empfohlene Reiseführer *Italien. Handbuch für Reisende, Erster Teil*[17] von Karl Baedeker zu nennen, von dem sich ein viel benutztes und abgenutztes Exemplar in Brahms' Bibliothek befand. An zweiter Stelle der Reiseführer rangieren *Meyers Reiseführer*[18], die von Theodor Gsell Fels herausgegeben wurden und im Brief an Clara Schumann Erwähnung finden. Unter der zweiten Kategorie erwähnt Brahms den 3. Band der *Wanderjahre in Italien*[19] von Ferdinand Adolf Gregorovius, *Die Kultur der Renaissance in Italien*[20] von Jacob Burckhardt und schließlich die *Italienische Reise*[21] von Johann Wolfgang von Goethe. Aber auch literarische Werke gehörten dazu, wie etwa *Rektor Müslins italienische Reise*[22]

10 RKH, S. 34.
11 Ebenda.
12 Ebenda.
13 BBW VII, S. 121.
14 BWSB II, S. 46.
15 BBW VII, S. 183.
16 BBW VI, S. 123.
17 KH 1974, Nr. 560.
18 Ebenda, Nr. 561 und 563.
19 BBW VIII, S. 75.
20 Ebenda, S. 111.
21 Ebenda.
22 BBW XI, S. 11.

seines Reisebegleiters 1888, Josef Victor Widmanns, das Brahms so gut gefiel, dass er es immer wieder verschenkte.

Auch sprachlich bereitete er sich vor. In der Bürgerschule hatte Brahms von 1844 bis 1847 neben Latein auch Englisch und Französisch gelernt. Die Neueren Sprachen wurden damals allerdings wie die Alten Sprachen unterrichtet (bis in die 1950er Jahre), nämlich so, dass man sie zwar lesen und schreiben, nicht aber sprechen konnte. Deshalb konnte Brahms z. B. Französisch recht gut lesen, scheute sich aber, es vor Leuten zu sprechen. Bei seinem ersten Italienaufenthalt 1878 machte er wohl die Erfahrung, dass er Italienisch nicht hinreichend gut sprechen konnte, um sich so verständigen zu können, wie er es gerne wollte. Darum studierte er, wie er einer Freundin im Dezember 1880 schrieb, »eifrig Italienisch«[23]. Und mit der Aussicht, weitere Reisen nach Italien zu machen, nahm er 1881 und 1882 Konversationsunterricht bei einem Italiener. Dies geschah vielleicht nicht ganz mit dem erwünschten und länger anhaltenden Erfolg. Nicht von ungefähr schätzte er seinen Reisebegleiter Widmann wegen dessen »schöne[m] Italienisch«[24] und nannte ihn vor der Reise 1888 seinen »Cicerone«[25].

Wie Brahms klare Vorstellungen davon hatte, welche Orte und Landstriche in Italien er auf seinen Reisen besuchen und kennenlernen wollte, so hatte er auch solche von der Art des Reisens. Über die Jahre hin berichtet er immer wieder davon und spricht seinen Briefpartnern entsprechende Empfehlungen aus. Eine dieser Empfehlungen lautet, »lieber weniger sehen, aber ruhig, mit Behagen«[26] zu reisen mit der Begründung: »So etwas«, in diesem Falle die Dome von Siena und Orvieto, »will eingesogen sein, dann steht es Einem sein Lebtag vor Augen«.[27] Und »genußvoll«[28] sollten die Reisen sein.

Geld scheint bei den Reisen keine große Rolle gespielt zu haben, auch wenn Brahms, sparsam wie er im allgemeinen war, schon auf die Preise für alles achtete. So wendet er sich Mitte März 1888 an Fritz Simrock, den Verwalter seines Geldes, mit den Worten: »Lassen Sie jedenfalls einstweilen so beiläufig 5.000 M[ark] für mich liegen. Ich brauche sie im April für Italien und sonst!«[29] Und am Ende des Monats heißt es: »Recht dankbar wäre ich Ihnen, wenn Sie mir eine ganz kleine Mille [= 1.000 Mark] zukommen ließen. Es ist möglich, daß ich nach Italien fahre.«[30]

Zu dieser Zeit begann sich die Italien-Reise des Jahres 1888 langsam zu konkretisieren. Bereits Anfang Januar hatte sich Brahms an seinen Schweizer Freund Josef Victor Widmann gewandt und versucht, ihn für eine gemeinsame Reise zu gewinnen. Da heißt es in einem Brief an ihn: »Wenn Sie, lieber Freund, nun echt liberale Anschauungen und Grundsätze haben, so können Sie sich klarmachen, wieviel Geld ich spare und für eine italienische Reise übrig habe – wenn ich zum Sommer nicht heirate und mir keinen Text für 1000 Fr. kaufe! Können wir dafür nicht mitsammen laufen? In Italien kann ich's nicht gut allein, und einen lieberen Gesellschafter als Sie kann ich mir nicht denken und wünschen.«[31] Da Widmann zögerte, schickte Brahms im Februar einen weiteren Brief hinterher, in dem er in seltener und ungewöhnlicher Direktheit und Offenheit – und das nicht ohne Hintergedanken – seine Wertschätzung für Widmann als Menschen zum Ausdruck brachte: »Lieber Freund, Sie sind ein ganz besonders lieber, vernünftiger und prächtiger Mensch, das habe ich oft gedacht und gesagt – heute aber mit ganz besonderem Feuer! Also, wir fahren, ganz wann und wohin Sie wollen. Mir ist alles durchaus gleich lieb und recht.«[32]

Bis es aber zur Abreise Anfang Mai kam, gab es noch manche Verzögerung unter anderem dadurch, dass Widmann nicht näher genannte Bedenken hatte, nach Italien zu reisen, und Brahms inzwischen aus »Trägheit«[33] lieber zu Hause geblieben wäre.

Von dieser sechsten Italienreise, die Brahms zunächst auf etwa vier Wochen veranschlagt hatte und die dann knapp drei Wochen (6. bis 25. Mai) dauerte, handelt der Brief, den er im Juni 1888 aus Thun an Clara Schumann sandte. Ob man ihn einen »Schwärmbrief«[34] nennen kann, wie es Brahms in anderem Zusammenhang tat, ist die Frage. Wenn man auf den Wortschatz oder die Stilmittel dieses Briefes schaut, gibt es sicherlich Reiseberichte von früheren und späteren Italienreisen, in denen Brahms' Schwärmerei für Land, Kultur und Leute deutlicher ins Auge fällt, etwa durch die häufige Verwendung von Superlativen, wie in dem aus dem Vorjahr.

23 MK III, S. 270.
24 BBW VIII, S. 143.
25 Ebenda.
26 BBW XI, S. 152.
27 BBW XVII, S. 49.
28 BBW XI, S. 146.
29 Ebenda, S. 179.
30 Ebenda, S. 181.
31 BBW VIII, S. 73.
32 Ebenda.
33 Ebenda, S. 79.
34 BBW XVII, S. 131.

Damit verglichen erscheint dieser Brief eher norddeutsch verhalten. Wenn man aber beispielsweise die Berichtfülle und das Berichttempo betrachtet, das sich in der Mitte des Briefes im Satzbau widerspiegelt, wo einfach das Verb fortgelassen wird, dann bekommt man einen ganz anderen Eindruck. Die Begeisterung treibt Brahms gleichsam beim Erzählen voran. Clara Schumann ist jedenfalls von Brahms' Bericht so beeindruckt, dass sie selbst eine Reise dorthin ins Auge fasst, wie sie ihm am 8. Juni schreibt: »Sehr erfreut hat mich Dein Brief, und vor allem, daß Deine Reise so herrlich verlaufen ist. Das muß ja ein Götterleben gewesen sein, was Ihr geführt habt. Nächstes Frühjahr will ich denn wirklich auch einmal einen Anlauf nehmen.«[35]

35 BWSB II, S. 346.

Brief XII

An Clara Schumann

Thun, 24. Juli 1888

Liebe Clara!

Schon der Anblick Deines lieben Briefes erfreute mich gar sehr; »so viel Selbst-Geschriebenes«, dachte ich, da ist der Rheumatismus doch nicht gar zu scharf, und wir wollen zufrieden sein.

Nun ließ ich es gleichwohl anstehen, auf den lieben Brief zu erwidern. Es lag mir eben etwas auf dem Herzen und in den Gedanken, das nicht aus der Feder wollte. Schließlich aber, es hilft nicht, nimm einmal alle Deine Güte und alle gute Gesinnung für mich zusammen, höre und sage dann ein freundliches Ja.

Ich nehme an allem, was Dich betrifft, den allerherzlichsten Anteil, so auch an all den Sorgen und Mühen, die bei einem so reichen Leben nicht ausbleiben können – Dir aber in gar reichem Maße zuteil werden.

Von den kleineren, den Geld-Sorgen, mache ich mir keine übertriebenen Vorstellungen und Gedanken. Aber es ärgert mich, daß Du auch diese hast – während ich in Geld schwimme, ohne dies irgend zu merken und ohne irgend Pläsier davon zu haben. Ich kann, ich mag und will nicht anders leben; es wäre unnütz, den Meinigen mehr zu geben, als ich es tue, und wo es mein Herz verlangt, kann ich in jedem Maße helfen und guttun, ohne es zu merken. Nach meinem Tode aber habe ich keine Verpflichtungen oder besonderen Wünsche.

Kurz, die Sachlage ist einfach.

Die Tage ging es mir aber einmal wieder durch den Kopf, wie ich es nur anfangen könnte, Dir eine Summe zu schicken. Als reicher Kunstfreund mit anonymem Brief, als nachträgliche Einzahlung in den Schumannfond oder wie sonst. Ich kann nichts derartiges tun, ohne irgend jemand so weit ins Vertrauen zu ziehen, daß er das Richtige raten kann.

Wenn Du mich dagegen für einen so guten Menschen hältst, wie ich es bin, und wenn Du mich so lieb hast, wie ich es wünsche – dann wäre auch der zweite Teil der Sache einfach, und Du erlaubtest ganz ohne weiteres, daß ich mit meinem sehr überflüssigen Mammon mich z.B. dieses Jahr an Deinen Ausgaben für die Enkel mit etwa 10 000 M. beteiligte.

Simrock hat wieder einen ganzen Haufen Chöre, Quartette und Lieder. Von dem schönen Honorar merke ich gar nichts, es wandert lautlos und unnütz in die Reichsbank.

Nur denke, wie große Freude mir die Sachen und das Honorar machten, wenn Du mir ein rundes nettes »Ja« sagtest.

Weil jedes Ding aber 2 Seiten hat, so sage ich, daß ich mich im ungünstigen Falle entschließe, Simrock den Auftrag zu geben, jene Summe in den Schumannfond zu zahlen.

Auf das übrige Deines lieben Briefes nächstens, für jetzt nur noch, daß ich in der Wieckschen Angelegenheit sehr für vollständiges Schweigen bin. Ich denke, das Buch wird so schlecht sein, daß es nicht ans eigentliche Tageslicht kommt. Ich weiß nicht, was man mir tun müßte, mich zu einer öffentlichen Auslassung zu bringen.

Die gute Frau Röntgen wird grade gestorben sein! Julius war der Tage bei mir, und dann kam die Depesche, die ihn nach Leipzig rief. Wie gesagt, nächstens weiter, und für heute bitte ich nur um eine freundliche Korrespondenz-Karte, auf der bloß ein fröhliches Ja steht für Deinen alsdann sehr fröhlichen
Johannes.

Als Johannes Brahms im Juli 1888 seiner engen und vertrauten Freundin Clara Schumann Geld zur Unterstützung anbot, tat er dies nicht zum ersten Mal. Er hatte es im Oktober 1861 schon einmal versucht, allerdings ohne Erfolg. Das hing vor allem damit zusammen, dass er die Sache aus seiner Unsicherheit in Geldangelegenheiten etwas ungeschickt angefangen hatte. In dem Brief vom 11. Oktober versucht er, Clara Schumann nach Hamburg einzuladen, mit freiem Logis, und bietet ihr zudem eine Summe von 200 Talern an. Das geschieht in einer humorvollen Scheinargumentation in zehn Punkten und einer gespielten Drohgebärde, was auf die mehrfach im Brief variierte »Drohung« hinausläuft: »Wenn Du's nicht tust, werfe ich mein Geld in 4 Wochen zum Fenster hinaus, was nützt mir der Bettel sonst?«[1] Und am Schluss des Briefes heißt es: »Also in fester Hoffnung, Du bist einmal engelsgut und nimmst mein Geld, wartet noch 2 Tage Dein getreuer Johannes.«[2] Clara Schumann bedankt sich am 21. November 1861 aus Hannover für einen »lieben Brief«[3], geht aber auf das Angebot von Brahms nicht mehr ein, weil sie sich in der Zwischenzeit bereits darüber unterhalten haben werden, als Clara Schumann zwischen dem 21. Oktober und dem 9. Dezember zu diversen Privatkonzerten und öffentlichen Auftritten in Hamburg weilte.

Dem vorausgegangen waren zwei Briefe von Clara Schumann vom 17. und 26. September, in denen sie von ihren vielfältigen Problemen berichtete. Diese bestanden einmal darin, dass sie sich um vier ihrer Kinder, Marie, Julie, Ludwig und Ferdinand, und deren Fortkommen kümmern musste. Zum anderen ging es um erhebliche Geldausgaben, die damit verbunden waren. In dem Zusammenhang dachte sie sogar darüber nach, ihr Ferienhaus in Lichtenthal bei Baden-Baden zu verkaufen. Ihr Plan für den Herbst hatte deshalb so ausgesehen, dass sie zwar drei bis vier Wochen nach Hamburg kommen und Brahms besuchen, zugleich jedoch auch ein Konzert geben wollte, »um etwas zu verdienen, denn zuzusetzen habe ich nichts, brauche jetzt noch viel Geld und habe sehr viel gebraucht«[4]. Diesen Plan musste sie schließlich ganz aufgeben.

Nun, 1888, befindet sich Clara Schumann in einer ähnlichen Situation wie schon 1861. In ihrem Brief vom 11. Juli, der dem hier abgedruckten voran ging, berichtet sie Brahms von »Gemütsbewegungen aller Art, Sorgen, Kummer, Alteration [= Aufregung; krankhafte Veränderung]«[5]. Dabei geht es vor allem um ihren Sohn Ferdinand und dessen Familie. Da Ferdinand aus gesundheitlichen Gründen gezwungen ist, sich für längere Zeit zu Kuren in Teplitz aufzuhalten, muss Clara Schumann den Hausstand der Familie auflösen und Ferdinands Frau und die zwei kleinsten Kinder in

1 BWSB I, S. 380.
2 Ebenda, S. 383.
3 Ebenda.
4 Ebenda, S. 377.
5 Ebenda, S. 350.

eine ungenannte kleine Stadt schicken, wo es billiger zu leben ist, sowie drei Jungen anderweitig unterbringen – und finanziell für alles aufkommen, was sie auf 8.000 Mark pro Jahr beziffert. Hinzu kommt der Tod ihrer Enkelin Clara. Schließlich wird ihr Leben dadurch erschwert, dass sie immer häufiger unter Rheumatismus leidet, der sie wegen der Arm- und Schulterschmerzen nicht nur beim Klavierspielen stark einschränkt, sondern auch daran hindert, alltägliche Aufgaben und Pflichten zu erfüllen, so etwa ihre Briefe eigenhändig zu schreiben, weil die Schmerzen zu groß sind.

Älter, lebensklüger und geschickter im Umgang geworden, geht Brahms die Sache diesmal anders an. In seinem oben wiedergegebenen Brief (24. Juli 1888) erweist er sich in besonderer Weise als feinfühliger Psychologe, ausgenommen jene Stelle gegen Schluss des Briefes, wenn er, ein wenig trotzig, die vorgesehene Summe in den Robert Schumann gewidmeten Schumannfond einzuzahlen gedenkt für den Fall, dass Clara nicht Ja sagt und das Geld nicht akzeptiert. Das nennt er in einem weiteren Brief vom Juli dann allerdings eine »Dummheit«[6].

»Liebster Johannes«, so beginnt Clara Schumann ihren Antwortbrief vom 27. Juli, »was soll ich sagen auf Dein so freundliches Anerbieten? Ich konnte mich beim Lesen Deines Briefes der tiefsten Rührung nicht erwehren – Worte klingen arm gegen das, was man in solch 'nem Moment empfindet [...]«[7], um im nächsten Satz fortzufahren: »Aber annehmen kann ich Dein so liebes Anerbieten jetzt nicht, es wäre unrecht, täte ich dies, ohne wirkliche ernstliche Veranlassung.«[8] Dies begründet sie anschließend damit, dass sie genügend finanzielle Rücklagen habe und in Verhandlungen stehe, um Manuskripte ihres Mannes zu verkaufen, so dass sie ihr Kapital nicht anzugreifen brauche. Am Ende ihres Briefes heißt es schließlich, Brahms vom 24. Juli zitierend: »So komme ich denn zu dem Schlusse, daß, da ich Dich für einen so guten Menschen halte, wie Du bist, und Dich so lieb habe, wie Du wünschest, ich Dir verspreche, mich unbesonnen an Dich zu wenden, sobald die Sorgen wirklich ernstlich an mich herantreten. Bist Du es so zufrieden? Ich hoffe es, und bitte Dich im Vertrauen auf dieses mein Versprechen nichts Weiteres jetzt zu tun.«[9]

In einem weiteren Brief vom Juli geht Brahms zunächst darauf ein. Zu Beginn dieses Briefes heißt es: »Du lehnst so freundlich ab, daß ich mit Dir wohl zufrieden sein muß; mit mir leider nicht; ich hätt's gescheiter anfangen müssen und stehe nun mit meinen schönen Gelb-Veiglein wie zuvor«.[10] Und er fährt dann fort: »Eigentlich, da Du die Sache doch so freundlich ansiehst, da Du außerdem doch fürchten mußt, ich mache irgendeine Dummheit, so könntest Du ein übriges tun und ein gütiges ›Ja‹ nachschicken!?!?«[11] Darauf reagiert Clara Schumann nicht. Aber Brahms ist es immer noch »nicht so zufrieden«[12]. Er insistiert weiterhin, als wolle er Clara zu ihrem Glück zwingen. Gut zwei Monate später, am 3. Oktober, versucht er es noch einmal. »Liebe Clara«, schreibt er da, »sei nicht böse, wenn ich mit einem da capo komme. Du hast den Sommer meine beabsichtigte Sendung so freundlich zurückgewiesen, daß ich sie jetzt, da wir beide zu Hause sind, doch riskiere. [...]«[13] Er erhöht das Anerbieten um 5.000 Mark und verpackt dies, wie er es so oft tut, wenn er einer Sache das Gewicht oder den Ernst nehmen will, in Humor. »Laß Dir also gefallen«, fährt er fort, »wenn ich dir morgen 15 Mille [= 15.000 Mark] (durch Zins und Zinseszinsen!) ganz ergebenst zu Füßen lege, und ich bitte herzlich, schreibe nur auf eine Korrespondenz-Karte, daß sie dort liegen – weiter aber nichts!«[14]

In ihrem Tagebuch reagiert Clara Schumann auf dies Angebot so: »Wir [d.h. sie und ihre dabei anwesenden Kinder] waren ganz erschreckt, was sollte ich thun? meinem so langjährigen Freunde es zurückschicken? Das ging nicht, ich mußte es behalten und ihm danken, anders blieb mir nichts übrig.«[15] Dies tut sie dann auch in ihrem Brief vom 9. Oktober. Sie bestätigt den Empfang des Geldes und drückt ihre Ratlosigkeit darüber, wie sie verfahren solle, mit ähnlichen Worten aus wie im Tagebuch. »Wie mir dabei zumute ist«, fährt sie fort, »kann ich nicht sagen, nur das, daß ich Dir mit der Annahme ein Vertrauen zeige, wie wohl niemandem in der Welt.«[16] Sie teilt Brahms dann mit, dass sie das Geld sicher anlegen wolle, und bittet ihn, es für Ferdinands Familie je nach Bedarf verbrauchen zu dürfen. Ihren Dank schließt sie mit den Worten: »Dies gibt mir eine wahre Beruhigung, und so drücke ich Dir die Hand!

6 BWSB I, S. 356.
7 Ebenda, S. 355.
8 Ebenda.
9 Ebenda, S. 355f.
10 Ebenda, S. 356.
11 Ebenda.
12 Ebenda, S. 358.
13 Ebenda, S. 359.
14 Ebenda.
15 CSTb III, S. 507.
16 BWSB II, S. 360.

Es mischt sich viele Wehmut in den Dank – ich kann nicht alles sagen, was mir die Seele bewegt.«[17] Sie zeichnet den Brief mit: »Deine altgetreue Clara.«[18]

Die Summe von 15.000 Mark ist das großzügigste Geldgeschenk, das Brahms jemals einer ihm nahestehenden Person gemacht hat. Dieser Betrag entspricht beispielsweise dem, was Brahms von seinem Verleger Fritz Simrock 1884 für den Druck seiner *Dritten Symphonie* einschließlich des Arrangements für zwei Klaviere als Honorar bekam.

17 Ebenda.
18 Ebenda.

Brief XIII

An Heinrich von Herzogenberg
Wien, im Januar 1892

Teurer Freund,
Ich kann Ihnen nicht schreiben, so sehr ich in Gedanken bei Ihnen bin. Es ist ein vergebliches Versuchen, Ihnen aussprechen zu wollen, was mich so ganz und innig erfüllt. Und Sie werden stumm sitzen in Ihrem Schmerz, keine Worte haben und auch keine zu hören verlangen.

Mit Sorge aber und allergrößter Teilnahme denke ich an Sie und könnte nicht aufhören, zu fragen.

Sie wissen, wie unaussprechlich viel ich an Ihrer teuren Frau verloren habe, und können danach ermessen, mit welchen Empfindungen ich an Sie denke, der Sie ihr verbunden waren, wie es nur Menschen sein können.

Wenn Sie erst irgend gestimmt sind, an sich und andre Menschen zu denken, so lassen Sie mich doch erfahren, wie es Ihnen geht, und wie und wo Sie weiter zu leben denken.

Wie wohl würde es mir tun, könnte ich nur still bei Ihnen sitzen, Ihre Hand drücken und mit Ihnen der Lieben, Herrlichen gedenken!
Ihr Freund
J. Brahms.

Was bewegt einen jungen Menschen von 23 Jahren wie Johannes Brahms dazu, in diesem Alter ein Testament aufzusetzen? Das hat er jedenfalls vor, wie es aus einem Brief an Clara Schumann vom 24. Mai 1856 hervorgeht. Da heißt es nämlich: » […] und heute trieb mich's so sehr und immerfort, Ihnen über Testamente zu schreiben, woran ich übrigens überhaupt oft denke. Ich wollte immer meines machen, meine göttliche Faulheit verhindert's, und wenn ich noch so ernst gestimmt bin«.[1] Einen erkennbaren aktuellen Anlass dafür gibt es nicht. Eher scheinen es schicksalshafte Bedrohungen des Lebens in Kindheit und Jugend zu sein, die hier nachwirken. So muss der Neunjährige die Evakuierung der Familie während des Hamburger Brandes 1842 miterleben. Als Zehnjähriger wird er auf dem Schulweg von einer Droschke erfasst; ob oder wie schwer er dabei verletzt wird, ist nicht sicher überliefert. Und 1848 herrscht in der Stadt eine Cholera-Epidemie, die über 1.500 Tote fordert. So lernt Brahms früh die Hinfälligkeit und Vergänglichkeit des Menschen kennen. Auch die Erinnerung an seine anfällige Gesundheit in jungen Jahren, die ihn 1847, 1848 und 1851 zu Erholungsurlauben in Winsen (Luhe) nötigten und am 16. März 1853 zur Befreiung von der Wehrpflicht führten, mögen dabei eine gewisse Rolle gespielt haben. Schließlich erlebt er ab 1854 aus nächster Nähe den langsamen geistigen Verfall Robert Schumanns (und schließlich dessen Tod am 27. Juli 1856) mit, eines Menschen, dem er in »herzlichster Liebe und Verehrung«[2] zugetan ist.

Der Schriftsteller Max Frisch hat sich, um jeglichem Biographismus bei der Deutung seiner Werke vorzubeugen, einmal zu der Frage, wie das Verhältnis zwischen den Erfahrungen eines Autors und der Fiktion sei, dahingehend geäußert, dass diejenigen Motive und Themen, die in seinen Werken immer wiederkehrten, seinem Leben entstammten – und dann, überformt, in die Fiktion übergeführt worden seien. Wenn dies auch für Johannes Brahms gilt, dann kann man sagen, dass er sich sein Leben lang mit dem Thema Sterben und Tod beschäftigt hat. Das reicht vom Lied *Die Trauernde* op. 7, Nr. 5, veröffentlicht 1854, bis zu den *11 Choralvorspielen*, op. 122 (Nr. 11, *O Welt ich muß dich lassen*, EGB 307), die von Brahms vor seinem Tod 1897 noch für den Druck vorbereitet wurden. Zu den Werken mit der genannten Thematik gehören, um nur einige zu nennen, die Chorwerke *Begräbnisgesang* op. 13, *Ein deutsches Requiem* op. 45, *Schicksalslied* op. 54 und *Nänie* op. 82. Aber auch viele Sololieder sowie Gesänge und Lieder für Chor beschäftigen sich damit. Das sind zum Beispiel: *Darthulas Grabesgesang* op. 42/3, *Und gehst du über den Kirchhof* op. 44/10, *Klage I* op. 69/1, *Todessehnen* op. 86/6, *Der Tod, das ist die kühle Nacht* op. 96/1, *Auf dem Kirchhofe* op. 105/4 und aus den *Vier ernsten Gesängen* op. 121 die Lieder Nr. 1 *Denn es gehet dem Menschen wie dem Vieh* und Nr. 3 *O Tod, o Tod, wie bitter bist du.*

Als Brahms Clara Schumann im Februar 1879 zum schon länger erwarteten Tod ihres mit 24 Jahren an Tuberkulose verstorbenen Sohnes Felix, seinem Patensohn, kondoliert, schreibt er: »Es ist wohl gut, daß mich selbst das Schicksal nicht mehr oft treffen kann. Ich fürchte, ich würde schwer und schlecht tragen.«[3] Da hatte er bereits seine geliebten Eltern verloren; seine Mutter war 1865, sein Vater 1872 verstorben. Aber auch der Tod vieler anderer Personen, wie Verwandter, Freunde und Bekannter, das zeigen seine Kondolenzbriefe, gingen ihm nahe, »trafen« ihn.

Unter diesen Kondolenzbriefen ist keiner wie der andere. Sie zeigen den Akt des Trauerns als etwas Individuelles. Sie sind adressatenbezogen, kommen ohne jede Floskelhaftigkeit aus und vermeiden jeden billigen Trost. Sie sind zugewandt, empathisch und schlicht im besten Sinne. Brahms bezieht nicht nur eigene Verlusterfahrungen ein, er macht sich auch Sorgen um die Hinterbliebenen. Das macht sie sehr persönlich. Als sich die Freifrau von Heldburg bei Brahms für seine Beileidsbekundung anlässlich des Todes des Hoftheaterintendanten von Meiningen, Ludwig Chronegk, bedankt, tut sie dies unter anderem damit, dass sie schreibt: »Sie schreiben so schön herzlich u. warm.«[4] Das kann man von allen Kondolenzbriefen sagen, die Brahms schrieb.

Beim Tod von Elisabet von Herzogenberg am 7. Januar 1892 beklagt Brahms nicht nur den Tod einer »liebe[n] verehrte[n] Freundin«[5], die er 1847 kennengelernt und mit der er seit dem 1. August 1876 korrespondiert hat, sondern auch das Ende einer Beziehung, die durch gegenseitige hohe Wertschätzung und große Zuneigung geprägt war. Diese kam unter anderem dadurch zum Ausdruck, dass beide es wagten – jedenfalls was Brahms angeht, der sonst viel zu scheu war, so etwas zu tun –, sich offen ihrer zu versichern. So schreibt Elisabet von Herzogenberg am 22. September 1888 an Brahms: »Wir [ihr Mann und sie] haben Sie nun einmal sehr lieb, lieber Freund, und Sie könnten auch ein wenig die Unbequemlichkeit davon auf sich nehmen!!«[6]

1 BWSB I, S. 187.
2 BWRS, S. 104.
3 BWSB II, S. 397.
4 BBW XVII, S. 113.
5 BBW II, S. 73.
6 Ebenda, S. 194.

Wenig später, im Oktober, klingt es bei Brahms ganz ähnlich: »Das sollten Sie aber wissen und glauben, daß Sie zu den wenigen Menschen gehören, die man so lieb hat, wie man es Ihnen – da der Mann immer mit liest und hört, nicht sagen kann; dieser selbst aber gehört auch zu den gedachten Wenigen!«[7]

Brahms liebte es, sich auch nonverbal auszudrücken, zum Beispiel durch kleine Gesten. Das macht er auch am Ende seines Kondolenzbriefes an ihren Ehemann Heinrich von Herzogenberg. Dieser greift diese am Anfang seiner Antwort dankbar auf, indem er schreibt: »Ja, das würde mir wohltun, wenn Sie jetzt neben mir säßen; wir haben so viele gemeinsame Erinnerungen an diese einzige Frau, und die Zeiten, wo wir beisammen waren, rechneten wir immer zu den besten«[8], um dann wenig später im Satz fortzufahren: »wo ich hindenke, sind Sie überall mit verflochten, wenn das Leben einmal ein Gesicht von recht bleibendem Wert machte!«[9] Nachdem Heinrich von Herzogenberg *Acht Klavierstücke* seiner Frau bei Rieter-Biedermann postum veröffentlicht und Brahms ein Exemplar davon zugeschickt hat, bekommt Brahms in seinem Dankesschreiben noch einmal Gelegenheit, sich über die Verstorbene zu äußern. Er freut sich nicht nur über den Erhalt der Sendung der Klavierstücke, von deren Vorhandensein er keine Ahnung gehabt hat, er bittet Herzogenberg auch, den Freunden der Verstorbenen, das heißt auch ihm, doch »Mitteilungen aus ihren Briefen zu gönnen«[10] und schreibt dann: »In den meinen bewahre ich – vor allem eine der teuersten Erinnerungen meines Lebens, dann aber auch einen reichen Schatz von Gemüt und Geist, der freilich nur mir gehört. Wie gern hörte ich sie aber zu andern von andern sprechen!«[11]

7 Ebenda, S. 196.
8 Ebenda, S. 259.
9 Ebenda.
10 Ebenda, S. 261.
11 Ebenda.

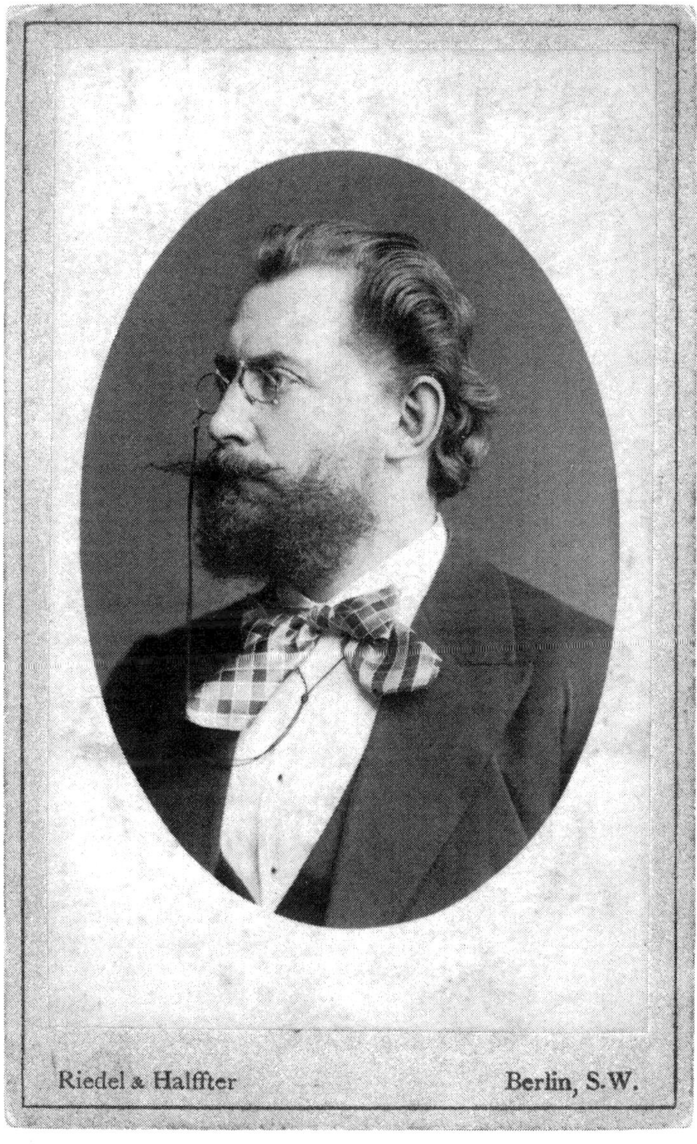

Heinrich von Herzogenberg
Fotografie von Riedel & Halffter, Berlin
(Brahms-Institut an der Musikhochschule Lübeck)

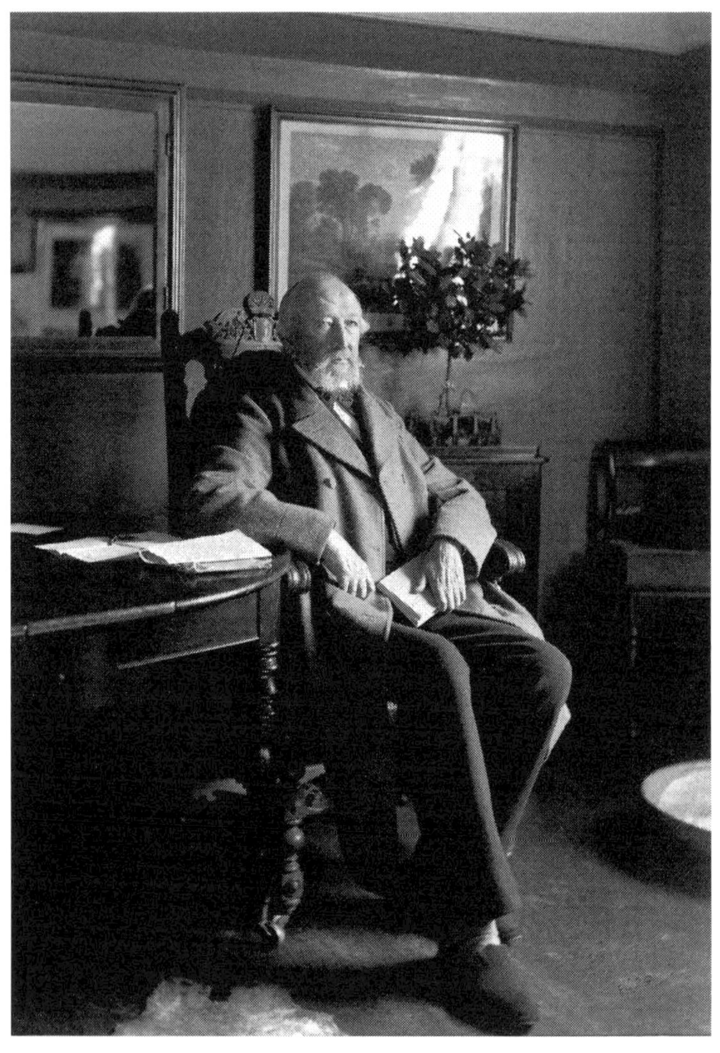

Klaus Groth, 1878
Fotografie von Schmidt u. Wegener, Kiel
(akg-images)

Brief XIV

An Klaus Groth

Wien, vor dem 24. November 1892

L[ieber] Fr[eund]
Dein Gruß ist so gut wie die Sendung selbst u. so laß mich beide gleich mit herzlichem Dank erwidern.

Seit einigen Tagen liegt grade wieder einmal Dein erster Band Quickborn hier neben dem Papier auf dem Schreibtisch – das mag Dir sagen, wie gern und oft ich Deiner gedenke u. mich der herrlichen geliebten Lieder erfreue.

Mit welcher Lust u. welchem Behagen werde ich jetzt den ganzen Cl[aus] Gr[oth] empfangen, feierlich aufstellen u. mit Wonne mich ergehen in den lieben alten Sachen selbst u. in den alten schönen Zeiten an die sie mich erinnern.

Sorglicher u. zarter aber bist Du Erinnerungen gegenüber! Also genau ein Jahr vor seinem Tode waren wir bei dem würdigen, lieben alten Herrn so fröhlich beisammen! Wenn ich, wie ich hoffe den Winter nach H[am]b[ur]g komme, so fahre ich zu Dir hinüber u. wir erinnern uns seiner – u. wie manches alten Freundes! Deine jüngere Freundin wohnt: Marseille, 49 rue Grignan.

In immer gleicher, alter u. neuer Freundschaft
herzlichst Dein
J. Brahms.

Johannes Brahms muss eine besondere Begabung zur Freundschaft gehabt haben. Wenn man sich vor Augen führt, wie viele Freundinnen und Freunde er während seines Lebens gehabt hat – in verschiedensten gesellschaftlichen Schichten, mit den unterschiedlichsten Berufen – ist man geneigt, ihn einen ›Meister der Freundschaft‹ zu nennen – eine Bezeichnung, die er wohl unwirsch zurückgewiesen hätte. Diesen musikinteressierten und oft musikbegabten Freunden ging es in ihrer Beziehung zu Johannes Brahms nicht nur um den geschätzten und bewunderten Komponisten, mit dessen Freundschaft man sich etwa brüsten und sein gesellschaftliches Image pflegen konnte, indem man ihn in seinen Musiksalon einlud und sich

dessen Werke vorspielen ließ. Es ging ihnen auch immer und nicht minder um den liebenswerten, wenn auch im Umgang nicht immer einfachen Menschen Johannes Brahms, der ihr Leben bereicherte. Brahms, nicht nur musikalisch vielseitig interessiert, sondern auch umfassend belesen und den bildenden Künsten zugetan, suchte seinerseits bei den Begegnungen geselliges Leben und Familienanschluss (vgl. obigen Brief) sowie das fachliche und freundschaftliche Gespräch. Davon berichtet beispielsweise sein Freund Klaus Groth seiner Frau Doris in einem Brief aus Wien: »Er spricht ausgezeichnet gut, klar, logisch, ist äußerst zuvorkommend, liebenswürdig.«[1] Ebenso schätzte Groth das Gespräch mit Brahms, um sich mit ihm auszusprechen, »wie man es mit anderen nicht kann«[2].

Klaus Groth, der Dichter, der zu seiner Zeit vor allem als Autor von *Quickborn. Volksleben in plattdeutschen Gedichten dithmarscher Mundart* (1853) bekannt war und heute vor allem durch die Vertonung von zwölf seiner hochsprachlichen Gedichte durch Brahms weiterlebt, stammte aus demselben Ort in Schleswig-Holstein, Heide, in dem auch des Komponisten Vater Johann Jakob 1806 geboren worden war. Er gehörte zu jenen musikbegeisterten und kulturtragenden Bürgern des 19. Jahrhunderts, die heute oft herablassend und diskreditierend als Bildungsbürgertum abgetan werden. Seine Herkunft war jedoch einfach; er stammte, wie er selbst sagt, aus dem Kleinbürgertum. Doch wissbegierig und bildungshungrig wie er war, hätte er gern studiert, wofür ihm ihm als Müllerssohn aber die Mittel fehlten. Nachdem er drei Jahre lang Schreiberdienste in der Kirchspielvogtei Heide geleistet hatte, beschloss er, den Lehrerberuf zu ergreifen. Er bewarb sich erfolgreich am Lehrerseminar in Tondern (heute Tønder, Dänemark), absolvierte dort drei Jahre lang ein breitgefächertes Studienprogramm und machte 1841 sein Examen. Die nächsten sechs Jahre war er in Heide als Lehrer einer Mädchenklasse tätig, wobei deutscher Sprachunterricht und eine von ihm neu eingeführte Aufsatzerziehung den Schwerpunkt bildeten. Im Jahr 1847 brach er wegen Überanstrengung zusammen – bei einer Anzahl von 100 Schülerinnen in der Klasse nicht weiter erstaunlich – und musste aus dem Schuldienst ausscheiden. Am Ende erhielt er eine auf vier Jahre befristete Abfindung, die es ihm ermöglichte, sich im Selbststudium weiterzubilden, sich der Literatur zuzuwenden und selbst literarisch schaffend tätig zu werden. Ergebnis davon war u.a. die Veröffentlichung von *Quickborn* (1853) und von *Vertelln. Plattdeutsche Erzählungen* (1855). *Quickborn*, das innerhalb von drei Jahren sechs Auflagen erlebte, die fünfte davon eine Übersetzung ins Hochdeutsche, war ein überwältigender Erfolg, aber zum Leben reichte dies selbstverständlich nicht, wie seine finanzielle Lage sein Leben lang überhaupt prekär blieb. Nur durch regelmäßige Zuwendungen seines Schwiegervaters bis 1870, durch einen Spendenaufruf 1872 und eine Ehrengabe 1886 konnte er zeitweilig finanziell einigermaßen bestehen. Um weiterhin lehrend sein Brot zu verdienen, nahm er im Jahr 1855 mithilfe eines dänischen Stipendiums ein Studium in Bonn auf und wurde 1858 Privatdozent in Kiel, wo er eine Folge von Vorträgen hielt. Eine Professur ehrenhalber, die er 1866 vom österreichischen Statthalter verlichen bekommen und von der er sich als Folge eine Dienstanstellung als Professor in Kiel erhofft hatte, erwies sich schließlich als das, was sie war, ein reiner Ehrentitel, der mit einem kleinen Ehrensold verbunden war. Zudem stellte sich heraus, dass er für die angestrebte Germanistikprofessur nicht hinreichend qualifiziert war. So musste Groth versuchen, sich mit diversen Arbeiten aller Art durchzuschlagen.

In seinem Aufsatz *Musikalische Erlebnisse* (1896) berichtet Groth von seiner »Leidenschaft für Musik«[3], seiner »grenzenlose[n] Freude an Musik«[4], ja seiner »Musikschwärmerei«[5], die sich schon in jungen Jahren bemerkbar macht. Schon als Schüler hat er den Wunsch, Klavierspielen zu lernen, aber es fehlt an Geld und an Lehrern. Schließlich gelingt es ihm, ein Klavier zu mieten und Noten zu lernen. Das führt schnell zu ersten kleinen Erfolgen, und er genießt die Musik »bis zum Rausch«[6], wie er schreibt. Während seiner Ausbildung in Tondern hat er wenig Gelegenheit, sich mit Musik zu befassen. Doch nach seiner Rückkehr

1 BWBG, S. 70.
2 Ebenda, S. 130.
3 Ebenda, S. 158.
4 Ebenda.
5 Ebenda
6 Ebenda, S. 167.

nach Heide kann er sich ein Instrument kaufen und übt das Klavierspiel fortwährend als Autodidakt. Im Jahr 1853, zurück in Kiel, heißt es dann: »Von nun an strömte Musik mir zu wie der Trank dem Durstigen, soviel ich davon genießen konnte.«[7] Musikalische Erfahrungen sammelt er u.a. 1855 bei Konzerten in Hamburg und 1856 beim Musikfest in Düsseldorf. Dort lernt er auch Brahms kennen – der Beginn einer lebenslangen Freundschaft, einer Freundschaft, die weit über ein landsmannschaftliches Zusammengehörigkeitsgefühl und eine geteilte tiefe Verbundenheit mit der niederdeutschen Sprache hinausgeht.

Oft sollten sie sich während ihrer freundschaftlichen Beziehung nicht sehen. Das hing unter anderem damit zusammen, dass Groth wegen seiner finanziellen Lage keine längeren Reisen unternehmen konnte – zu der nach Wien 1873 und nach Thun 1888 wurde er eingeladen – und Brahms nur selten nach Kiel kam, wie 1868 und 1882 zu Konzertauftritten. Weniger aufwendig waren für Groth die Reisen nach Hamburg, wo er bei Freunden wohnen und damit die Hotelkosten sparen konnte. Das geschah 1878, als Groth an den Jubiläumsfeiern der Philharmonischen Gesellschaft teilnahm und Brahms seine *Zweite Symphonie* aufführte, und 1882, als er sein *Zweites Klavierkonzert* spielte und seine *Tragische Ouvertüre* dirigierte. Bei den anschließenden Banketten zu den beiden Veranstaltungen hatte Brahms seinen Freund Groth, was dieser nicht ohne gewissen Stolz vermerkt, direkt neben sich platziert. Dem wiederholten Wunsch des Ehepaars Klaus und Doris Groth, bei ihnen doch einmal den Sommer zu verbringen, kam Brahms nicht nach. Da half es auch nichts, dass Groth mehrfach am Ende seiner Briefe an den Freund, sein von Brahms vertontes Gedicht *Komm bald* zitierend, schrieb: »Nu lebe wohl und ›Komm bald‹!«[8] Oder in einem anderen die erste Zeile »Warum denn warten ...«[9].

So musste der Briefwechsel den Mangel an persönlichen Besuchen ausgleichen. Dieser beginnt, unerklärlicherweise, erst am 27. Februar 1868, also 12 Jahre nachdem sich Brahms und Groth kennengelernt haben. Er ist nicht lückenlos erhalten und endet am 15. Dezember 1896 mit einem Brief von Groth an Brahms. Darin dokumentiert sich ihre herzliche Verbundenheit unter anderem dadurch, wie sie ihre Briefe zeichnen – seit 1878 sind sie per Du. So heißt es beispielsweise bei Brahms: »In alter herzlicher Gesinnung. Dein J. Brahms«[10] und bei Groth: »Behalte mich lieb! Dein Klaus Groth.«[11] Und bis zum Ende ihrer Korrespondenz versichern sie sich ihrer Treue, indem es heißt: »Dein treuer Freund J. Brahms«[12] bzw. »Klaus Groth«[13].

Eines der durchgängigen Themen ihrer Korrespondenz ist die Musik. Diese gehörte, wie Groth am 18. Oktober 1878 an Brahms schreibt, zu seinem »geistigen Leben«[14]. Deshalb war Musizieren Bestandteil des Alltags der Familie Groth und ihres Freundeskreises, und sie taten möglichst oft das, was er »brahmssen«[15] nennt. Das bedeutete zumeist, dass man sich an den vom Schwiegervater geschenkten Blüthner-Flügel setzte und die neueste Kammermusik oder Symphonie von Brahms anhand eines Klavierauszuges vierhändig spielte oder neue Lieder des Komponisten einstudierte. Das war meist ein mühsames Unterfangen, dem sich die Groths und ihre Freunde mit nicht nachlassender und unermüdlicher Hingabe widmeten. So schreibt Groth am 5. Oktober 1885 an Brahms: »Ich habe in den letzten beiden Monaten wieder so viele Freude an Deiner Musik gehabt, daß ich nicht genug danken kann«, um etwas später fortzufahren »Ich selbst komme immer tiefer hinein zum Verständnis und Genuß Deiner Werke«.[16] In einem frühen Brief vom 10. Dezember 1874 beschreibt Groth ausführlich, wie er sich Kompositionen aller Art erschließt, nämlich so: »Ich muß ein musikalisches Werk erst viele Male hören, es selbst auch wiederholt mit eigenen Fingern heraustasten, stückweise im Innern klingen lassen, ehe ich es genießen kann [...].«[17] Und später im Brief setzt er den Gedanken fort, indem er einen seiner Freunde mit den Worten zitiert: »Alles Große muß erst studiert werden, ehe man es erkennt.«[18] Vor den unmittelbaren, unreflektierten Zugang zur Musik oder die einfache Freude daran war für Groth also das Studieren gesetzt. Dementsprechend ist der zentrale Begriff seines Musikverständnisses das Verstehen, was nicht ausschließt, dass er am Ende beim Hören von Musik auch »zu Tränen [...] gerührt«[19] sein

7 BWBG, S. 169.
8 Ebenda, S. 122.
9 Ebenda, S. 105.
10 Ebenda, S. 135.
11 Ebenda, S. 116.
12 Ebenda, S. 138.
13 Ebenda, S. 139.
14 Ebenda, S. 88.
15 Ebenda, S. 79.
16 Ebenda, S. 104f.
17 Ebenda, S. 79.
18 Ebenda.
19 Ebenda, S. 155.

kann. Dieser Zugang war Brahms fremd. Er verstand Musik ganz anders. Gegenüber Emma Engelmann äußerte er sich so: »Musik – denn was ist diese anders als ein großes, schönes Oh u. Ach, nicht wahr?«[20] Von daher ist es auch verständlich, wenn er Groth »unmusikalisch«[21] nannte. Um diese Aussage jedoch richtig einschätzen zu können, muss man bedenken, in welchem Zusammenhang sie gemacht wurde. Das geschah nach einer Probe der *Haydn-Variationen* am 31. Oktober 1873 in Wien. Davon berichtet Groth seiner Frau am selben Tag; er ist begeistert von der Musik und schreibt: »Wunderschön, groß, reich, lieblich, mit das Schönste an Musik, was ich je gehört habe.«[22] Dies Lob äußert er auch gegenüber Brahms selbst, der ein Lob von Angesicht zu Angesicht nicht vertrug und es, so wie er Groths Musikverständnis einschätzte, für unqualifiziert gehalten haben mag. Brahms sagte darauf ironisch, wie Groth bemerkt: »Ja, aber Sie verstehen nichts von Musik«, worauf Groth entgegnete: »Eben drum«.[23] Dies tat der Freundschaft jedoch keinen Abbruch.

In dem Briefwechsel zwischen Brahms und Groth, an dem anfangs auch Groths Ehefrau Doris beteiligt ist, geht es, das versteht sich von selbst, auch um die von Brahms vertonten Grothschen Gedichte, mit denen sich der Komponist zwischen 1873 und 1886 beschäftigte. Darunter befinden sich vier der acht *Lieder und Gesänge für eine Singstimme* op. 59, Nr. 3 und 4 sowie 7 und 8, die wohl zu den schönsten Brahmsschen Liedern zählen, u.a. das bekannte *Regenlied*. Von diesen sandte Brahms dem Ehepaar vor der Drucklegung eine Kopisten-Handschrift mit eigenhändiger Widmung, die lautet: »Mit herzlichem Gruß an Claus u. Doris Groth. Wien, im März 73. J. Brahms.«[24] Da Groth und seine Frau im März und April für vier Wochen auf einer Vorlesungsreise in Holland waren, konnten sie sich erst in der zweiten Aprilhälfte dafür bedanken und auf die Lieder eingehen. Dies geschieht getrennt voneinander, jeder auf seine Art; Doris Groth in differenzierter Weise am 27. April 1873. Da schreibt sie an den »liebe[n]« Herrn Brahms: »Seit dem 24. habe ich jeden Tag ein wenig Zeit mir gestohlen für den wunderbar schönen Zyklus Lieder von Ihnen und von Klaus. Wie zart, wie sinnig haben Sie diese 4 Lieder aneinandergereiht. Wie ist das erste groß

20 BBW XIII, S. 103.
21 BWBG, S. 79.
22 Ebenda, S. 70.
23 Ebenda.
24 Ebenda, S. 227, Anm. 3.

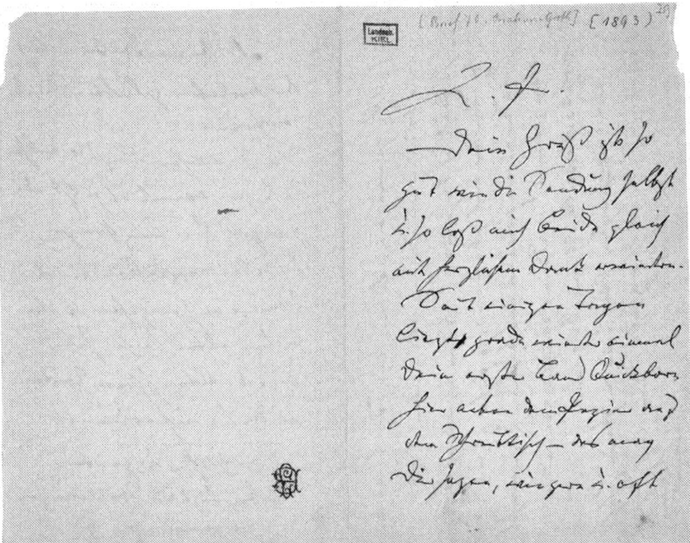

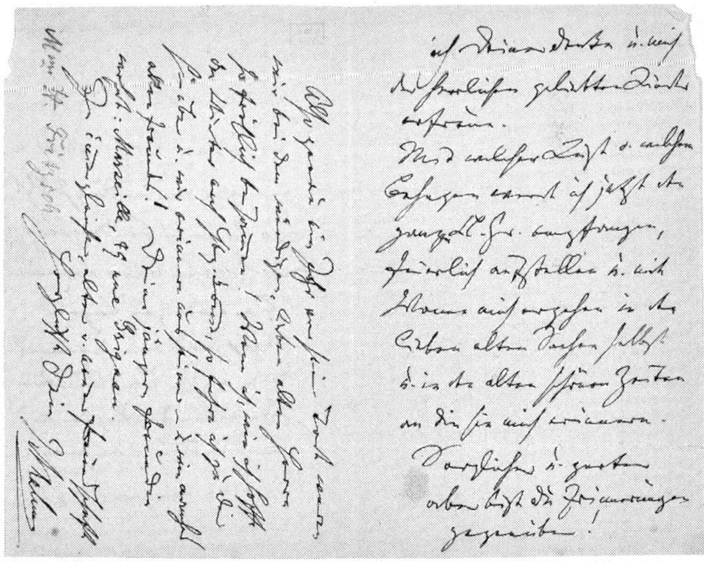

Faksimile von Brahms' Brief an Groth (vgl. S.115)
(Schleswig-Holsteinische Landesbibliothek)

und herrlich! Das zweite habe ich heute Klaus vorsingen können – ich überraschte ihn damit –, selbst begleitet; er war ganz getroffen; wie tief sind sie empfunden, diese Lieder, und das letzte gibt zum Schluß das erste wieder und versetzt uns zurück in die Vergangenheit. So geht unser Leben mit uns.«[25] Klaus Groth lässt sich mit seiner Reaktion Zeit damit und äußert sich erst am 24. Januar 1874 etwas lapidar, wenn auch beglückt: »Ihr opus 59 ist nun auch schon fast gänzlich durchempfunden. Ich danke Ihnen herzlich für die himmlische Musik zu meinen Texten.«[26]

Am Ende des Jahres erreichte Doris und Klaus Groth auch der Erstdruck, wie überhaupt ein reger Austausch der eigenen Werke zwischen Brahms und Groth stattfand. Um Groth beim Kauf von Noten finanziell zu entlasten, hatte Brahms ihm übrigens die Vollmacht erteilt, er könne sich bei seinem Verleger Fritz Simrock nach Belieben alle seine dort verlegten Werke kommen lassen. Das machte Groth, in seinem Wesen Brahms in manchen Zügen nicht unähnlich, aber nicht. Er begründete dies damit, wie er am 15. Dezember 1896 an Brahms schrieb, dass er dann einen Brief über sich selbst schreiben müsste, und das sei ihm »nur lästig«[27]. Deswegen bat er von Fall zu Fall vielmehr Brahms, das jeweilige Werk für ihn beim Verleger abzurufen, was dieser auch machte. Als Groth beispielsweise vier Jahre vorher Brahms seine *Gesammelten Werke* in vier Bänden hatte zukommen lassen – davon ist im vorliegenden Freundschaftsbrief vom 24. November 1892 die Rede – bedankte sich Brahms, indem er Fritz Simrock die folgende, für ihn bezeichnende, Bitte schickte: »Jetzt bitte ich Sie also, daß Sie die Klarinettstücke [op. 114 und 115] auch an Klaus Groth schicken. Überhaupt und im besonderen als schäbigen Dank für seine sämtlichen Werke, die grade erscheinen und ankommen.«[28] Dass der Verleger dann irrtümlich die *Klavierstücke* op. 116 und 117 sandte, störte Groth nicht.

Einen Dankesbrief Groths für den Brief vom 24. November scheint es nicht zu geben. Gegenüber einer Bremer Verwandten, Charlotte Finke, die nach dem Tod seiner Frau engste Vertraute von ihm war, äußerte er sich so: »Von Brahms bekam ich vorgestern einen wahrhaft zärtlichen Brief. Ein merkwürdiger Mann!«[29]

25 BWBG, S. 68.
26 Ebenda, S. 73.
27 Ebenda, S. 140, Anm. 1.
28 BBW XII, S. 88.
29 BWBG, S. 273.

Brief XV

An Clara Schumann

Ischl, 10. September 1895

Liebe Clara,
im September sieht man, was 13 für eine Glückszahl ist, und wie ungerecht sie verleumdet wird! Denn es müssen doch ganz besondere Sterne geleuchtet haben – Anno 19 – und was nützen andern die schönsten Monate (z.B. Mai) und die heiligsten Zahlen (z.B. 7) – es kommt nichts Gescheit's heraus!

Möchten wir alle den lieben 13. noch recht oft und fröhlich verleben, den günstigen Sternen dankbar, Du, für so vieles Schönes und Gute, wir – daß sie Dich uns gebracht.

Mit meinem Besuch macht es sich ja vortrefflich. Der Herzog ist so schwer ohrenleidend, daß er durchaus keine Musik hören darf. So wird er denn nicht beim Fest gegenwärtig sein, ich ihn aber auf Schloß Altenburg besuchen müssen. So werde ich also grade zu rechter Zeit bei Euch eintreffen und auch Frl. Eugenie noch – etwas später als die andern – beim Frühstück eintreten sehen. Heimlich fürchte ich freilich, daß so bald nach Eurer eignen Ankunft ein Besuch eigentlich zu früh kommt!

Montag, den 16. denke ich nach Wien zu fahren. Heute abend gehe ich nach Gmunden – auch Joachim kommt morgen dorthin. Fellingers sind neulich nach Aussee gegangen für einige Zeit.

Das Wetter ist fortdauernd fabelhaft schön. Das war namentlich für Leute mit kurzen Ferien angenehm. Wendt, der gestern abreiste, hat es noch nie so gut gehabt …

Nun aber lies anderswo weiter, der Tage wohl lauter Geschriebenes!?
Alle von Herzen grüßend
Dein Johannes.

Wenn man von den Freunden und Freundinnen von Johannes Brahms spricht, muss man an erster Stelle die Pianistin und Komponistin Clara Schumann nennen. Ihre Beziehung war einzigartig. Sie war getragen von gegenseitiger tiefer Zuneigung, Bewunderung, Verehrung und Respekt. Dieser Wertschätzung geben sie in ihren Briefen bzw. im Tagebuch immer wieder Ausdruck. So nennt Clara Schumann Brahms 1854 in ihrem Tagebuch ihren »liebste[n], treueste[n] Freund«[1]. Daran sollte sich ihr Leben lang auch nichts ändern. Brahms nennt sie in einem Brief 1892 den »ihm teuersten Menschen«[2] und äußert sich zu ihrem Verhältnis rückblickend so: »Dir aber darf ich heute wiederholen, daß Du und Dein Mann mir die schönste Erfahrung meines Lebens sind, seinen größten Reichtum und edelsten Inhalt bedeuten.«[3]

Vor allem aber war Clara Schumann lebenslang für Brahms die wichtigste Vertrauensperson, der er sich wie niemand anderem gegenüber öffnete – und umgekehrt. Wenn Clara Schumann 1854 ihrem Tagebuch anvertraut: »nur mit Ihm kann ich so recht über alles, was mein Herz bewegt sprechen«[4], so gilt das gleichermaßen für Johannes Brahms, der ihr im selben Jahr schreibt: »Ich habe nichts Geheimes vor Ihnen.«[5] Und an anderer Stelle heißt es: »Schreiben Sie mir ja alles, was Sie betrifft! Wie Sie sich befinden, und wie Sie Ihre Zeit hinbringen, üben, lesen usw.«[6] Das spiegelt sich auch in ihrem Briefwechsel. Brahms nennt ihn im März 1893 den »einzigen intimen Briefwechsel«[7], den er je führte.

Auf dieser Vertrauensbasis konnten sie sich ihr Leben lang über Privates und Persönlichstes miteinander austauschen: über ihre physischen und seelischen Befindlichkeiten, Sorgen, Ängste und Wünsche. Dies schloss nicht aus, dass es hin und wieder »Auseinandersetzungen und Zerwürfnisse«[8] gab, die auf beiden Seiten zu Verletzungen führten, der engen Freundschaft aber letztendlich nichts anhaben konnten.

Eines der Themen, die den gesamten Briefwechsel durchziehen, ist der labile, oft angeschlagene gesundheitliche Zustand Clara Schumanns. Schon früh zeigen sich Gehörprobleme von existenzieller künstlerischer Bedeutung. So heißt es in einem Brief vom 5./10. Februar 1871 aus London: »Gott weiß, wie ich es anfangen soll, die Angst, die mich so oft befällt, zu bemeistern! Dabei spiele ich meist so glücklich wie je, und doch ängstige ich mich von einem Stück zum anderen, daß ich es gar nicht beschreiben kann. [...] Mit dem Gehör geht es immer abwechselnd, besser und schlechter!«[9] Dabei teilt sie Brahms nicht jedes Mal mit, wenn sie diese Probleme hat, sondern vertraut sie ihrem Tagebuch an, um ihren Briefpartner nicht mit ihrem »Klagelied«[10] bzw. ihrer »Leidensgeschichte«[11] zu langweilen. Später verschärft sich das Problem, indem sie, wie sie 1887 in ihrem Tagebuch schreibt, schnell aufeinander folgende Harmonien nicht mehr unterscheiden kann und oft ganz andere Töne hört, als gespielt werden. Und am 6. Mai 1890 teilt sie Brahms mit: »Ich gehe auch nicht hin [nach Bonn], kann so viel Musik, von der ich den größten Teil nicht höre, nicht mehr aushalten.«[12] Brahms' Versuche, sie in solchen Fällen zu trösten bzw. aufzuheitern, werden es schwer gehabt haben.

Parallel dazu tritt seit Ende 1871 eine Neuralgie auf, die sich im Laufe der Jahre immer mehr verschlimmert und dazu führt, dass Clara Schumann zeitweilig ihre Briefe nicht mehr selbst schreiben, Klavier spielen und Konzerte geben kann. Die Schmerzen in den Fingern, den Hand- und Armgelenken sowie in den Schultern hindern sie daran. So schreibt sie beispielsweise am 14. November 1888 an Brahms: »Denke Dir, als ich Deine Sonate [op. 108] erhielt, fühlte ich schon Schmerzen im Arm, aber ich machte mich gleich daran, und schwelgte auch sofort in dem ersten Satze. Darnach aber wurden die Schmerzen so heftig, daß ich aufhören mußte, und nun, seit zwei Tagen, an der heftigsten Neuralgie leide, nichts tun kann und furchtbare Schmerzen ausstehe.«[13] Später im Brief heißt es dann, dass sie dadurch so »angegriffen«[14] sei, dass sie sich »ganz elend fühle«[15]. An anderen Stellen heißt es 1890 und 1894 verschärft, dass ihr durch solche gesundheitlichen Attacken »jede Lebensfreudigkeit«[16] genommen werde und sie oft »müde des Lebens sei«[17].

Ein Thema, das Johannes Brahms mehrfach zur Sprache bringt und über

1 CSTb II, S. 352.
2 BWSB II, S. 476.
3 Ebenda, S. 476f.
4 CSTb II, S. 360.
5 BWSB I, S. 40.
6 Ebenda, S. 143.
7 HEU, S. 60.
8 BWSB II, S. 478.
9 BWSB I, S. 636.
10 BWSB II, S. 555.
11 BWSB I, S. 633.
12 BWSB II, S. 414.
13 Ebenda, S. 366.
14 Ebenda, S. 367.
15 Ebenda.
16 Ebenda, S. 410.
17 Ebenda, S. 555.

das er mit kaum einem anderen seiner Briefpartner redet, ist seine Einsamkeit. Ein frühes Beispiel dafür findet sich in dem Brief vom 18. November 1862 aus Wien, in welchem er sich bei Clara Schumann darüber beklagt, dass man ihm nicht den Leitungsposten der Philharmonischen Gesellschaft in Hamburg bzw. den der Hamburger Singakademie übertragen hat. In diesem Posten sah er nicht nur »eine bleibende Stätte«[18], der ihm ein sicheres Einkommen gebracht hätte, sondern einen Fixpunkt, um nicht »in der leeren Weite herumfliegen«[19] zu müssen, wie er sich ausdrückt. »Und doch möchte man«, so fährt er fort, »gebunden sein und erwerben, was das Leben zum Leben macht, und ängstigt sich vor der Einsamkeit. Tätigkeit im regen Verein mit andern und im lebendigen Verkehr, Familienglück, wer ist so wenig Mensch, daß er die Sehnsucht danach nicht empfindet?«[20] Clara Schumann versucht, ihn zu trösten, indem sie ihm am 21. November aus Hamburg schreibt: »Welchem Künstler ist es aber so wohl geworden, einen häuslichen Herd in der Vaterstadt aufschlagen zu können? Das ist eben so traurig immer! Doch, Du bist noch so jung, lieber Johannes, Du findest schon eine bleibende Stätte, und ›nimmt ein liebes Weib man sich, in jeder Stadt den Himmel man hat‹. Das sagte mein Mann so zart in den kleinen Gedichten, und gewiß findest Du Familienglück und Heimat – alles!«[21] Einsamkeit und Familienglück bleiben freilich ein lebenslanges Thema für Brahms. Auch wenn er am 13. September 1892 an Clara Schumann schreibt, er sei »an Einsamkeit gewöhnt«[22], so mag man ihm das nicht recht glauben, wenn man den elegischen Ton bemerkt, der aus dem Brief vom 26. Januar 1896 klingt. Anlass für diesen ist ein Schlaganfall, den Louis Sommerhoff, den Schwiegersohn von Clara Schumann, Ehemann ihrer Tochter Elise, getroffen hat. In diesem Fall versucht Brahms, Clara Schumann zu trösten, indem er ihr schreibt: »Es ist ein schönes Glück, Familie zu haben, in enger Verbindung mit Menschen zu leben, die uns nicht allein durch die Bande des Blutes angehören, sondern uns auch sonst und an sich lieb und teuer sind. Dies schöne Glück hast Du in einem langen Leben und in reichem Maße genossen.«[23] Nachdem er ihr zugestanden hat, mit wie viel Schmerz und Sorgen dies bezahlt worden ist, fährt er fort: »Du würdest doch nicht tauschen mögen mit einem Einsamen, der sie nicht mehr erfahren kann? Möge es nur diesmal nicht zu hart kommen, Angst und Sorge bleiben leider jedenfalls zurück.«[24] Er schließt dann mit dem Hinweis, sie möge Elise das »Herzlichste«[25] von ihm sagen.

Ein ganz anderes Thema, das Clara Schumann ihr Leben lang bewegt, sind Schwierigkeiten beim Partiturlesen – überraschend und ungewöhnlich bei einer Komponistin und Pianistin von ihrem Format. Nachdem sie von Brahms einige Werke, u.a. die *Serenade* op. 16, zum Kennenlernen und zur Begutachtung erhalten hat, entschuldigt sie sich in ihrem Brief vom 20. Dezember 1858 dafür, dass sie diese noch nicht zurückgesandt hat und begründet dies mit ihrer Herangehensweise an neue Werke. Dazu schreibt sie: »Du weißt, das Partiturlesen wird mir nicht leicht, dazu brauche ich Zeit. [...] Dir aber im Detail darüber zu schreiben, habe ich gar keinen rechten Mut! Doch, ich will mir denken, es sei wie früher, wo ich noch vertrauensvoll Dir jede Herzensregung mitteilen konnte! Du weißt, wie ich ohne das Herz nicht viel zu sagen weiß – erst wirkt die Musik dahin, und, hat sie mich ganz erfaßt, dann kann ich erst darüber denken.«[26] Denken heißt für sie »zergliedern«[27], analysieren, und das fällt ihr schwer. Hintergrund für die im Brief geäußerte Mutlosigkeit, sich unvermittelt zu äußern, ist die Tatsache, dass Brahms sie in seinem Brief vom 25. Juni 1858 für ihren »Enthusiasmus«[28], mit dem sie, so befürchtet er, andere anstecken könnte, kritisiert. Daraufhin hatte sie sich in zwei Briefen vom Juli damit verteidigt, dass es kein »blinder Enthusiasmus«[29] sei, der sie antreibe, auch keine »Exaltation«[30]. Sie müsse ihrem »Entzücken«[31] und ihrem »Wonnegefühl«[32] aber Ausdruck verleihen. Als im August 1886 ein ähnlicher Fall eintritt, begründet Clara Schumann die Verzögerung damit, dass sie nicht immer ausreichend Zeit gehabt und kein oberflächliches Urteil habe äußern mögen. Wenn man so wenig im Partiturlesen geübt sei wie sie, erklärt sie weiter, und sich beim bloßen Lesen der Partitur nur schwer eine Vorstellung von der Klangwirkung eines Werkes machen könne, so brauche das seine Zeit.

18 BWSB I, S. 413.
19 Ebenda.
20 Ebenda.
21 Ebenda, S. 415.
22 BWSB II, S. 476.
23 Ebenda, S. 612.
24 Ebenda.
25 Ebenda, S. 613.
26 BWSB I, S. 233.
27 Ebenda, S. 278.
28 Ebenda, S. 222.
29 Ebenda, S. 223.
30 Ebenda.
31 Ebenda, S. 224.
32 Ebenda.

Ähnliches wiederholt sie noch einmal im Dezember 1890 mit dem spitzen Hinweis, dass sie nicht so viel Zeit habe wie das mit ihr – wie sie es empfindet – konkurrierende Ehepaar von Herzogenberg, sich wie diese »gleich tagelang über ein neues Werk herzumachen«[33].

Das Vertrauen, das man dem anderen entgegenbringt, und die rege Anteilnahme, die man am Leben des anderen nimmt, zeigt sich auch in den Geburtstagsglückwünschen. Häufig werden diese von Geschenken begleitet, wobei ein Besuch am Geburtstag selbst von beiden Briefpartnern als »schönste[s] Geburtstagsgeschenk«[34] empfunden wird, der häufig umständehalber aber nicht gemacht werden kann. Bei Clara Schumann gehen die Wünsche oft einher mit einem »herzlichen Händedruck«[35], Symbol der innigsten Verbundenheit. Einer ihrer längeren, ausführlicheren Geburtstagsbriefe ist der vom 5. Mai 1876. »Liebster Johannes«, beginnt sie, »da wäre ich denn wieder zu Haus [in Berlin], und mein erster Brief der Gruß an Dich zum siebenten Mai – wie lange nun schon, daß ich denselben immer dem Papier anvertrauen mußte, daß [!] so kalt erscheint gegen einen wirklichen herzlichen Händedruck! Die vielen guten Wünsche für Dich zähle ich nicht auf, uns aber wünsche ich, daß Dir immer neue Kraft zum Schaffen verliehen sein möge. Wie gern wüßte ich, was Du jetzt arbeitest? Ich denke doch immer, es kommt nun 'mal eine Symphonie!«[36] Und zum Schluss heißt es: »Nun aber geht alles [d.h. der Brief] zu Ende, nur nicht meine wärmsten Wünsche für Dich und meine Freundschaft, die immer die alte, treue ist. Herzlichstes von den Kindern zum 7. Deine Clara.«[37] Ein früher Brief von Johannes Brahms vom 10. September 1859, noch aus der schwärmerischen Zeit, beschäftigt sich nur am Anfang mit dem Thema und lautet so: »Ich muß Dir doch, herzliebe Clara, mit meinem besten Glückwunsch auch einige Noten [von op. 14 und 16] zum 13. September schicken. Möchtest Du recht Schönes und Liebes heraushören; ich denke, ein treues Gemüt und ein liebewarmes Herz kann in Tönen klingen. So laß denn die Musik reden, und gib den Gedanken Abschied. Habe mich lieb.«[38] Den Geburtstagsgruß vom September 1890 hält er ganz knapp und redet mehr von sich als von Clara Schumann, indem er schreibt: »Von dem schönen 13., was er mir bedeutet, was mir alles durch Kopf und Herz geht, wenn ich an ihn denke, sage ich weiter kein Wort.«[39] Das muss sich die Empfängerin selbst denken. Dem Geburtstagsgruß vom 11. September 1894, im Urlaubsort Ischl geschrieben, sind zwei Fotos beigelegt – »sehr unnütze Bilder«[40], wie er sie im nächsten Brief nennt –, von denen das eine Brahms allein, das andere ihn zusammen mit Johann Strauß zeigt und in dessen Feriendomizil aufgenommen wurde. Am Schluss des Briefes heißt es schlicht: »Zum 13. aber werdet Ihr wohl noch dort [Frankfurt am Main] sein, und den lieben Tag verlebt Ihr hoffentlich so heiter und froh, wie es nur zu wünschen ist. Von Herzen grüßend und mitfeiernd Dein Johannes.«[41]

Der Geburtstagsbrief vom 10. September 1895 ist auch wieder im Urlaub in Ischl geschrieben. Das merkt man ihm an, denn Brahms jongliert gleichsam mit den Geburtsdaten beider in leichter, spielerischer Weise. Er sollte der letzte Geburtstagsbrief bleiben, den er an Clara Schumann sandte. Sie starb nach einem Schlaganfall am 20. Mai 1896.

Joseph Joachim und Brahms hatten so etwas schon befürchtet. Joachim hatte Anfang April an Brahms geschrieben, dass ihm schwindele, wenn er daran denke, sie zu verlieren, worauf Brahms, beinahe einen Nachruf vorwegnehmend, ihm am 10. April 1896 antwortet: »Nun aber – ich kann nicht traurig nennen, wovon Dein Brief dann spricht. Ich habe oft gedacht, Frau Schumann könne ihre Kinder alle und mich dazu überleben – gewünscht aber habe ich es ihr nicht. Erschrecken kann uns der Gedanke, sie zu verlieren, nicht mehr, nicht einmal mich Einsamen, dem gar zuwenig auf der Welt lebt. Und wenn sie von uns gegangen ist, wird nicht unser Gesicht vor Freude leuchten, wenn wir ihrer gedenken? Der herrlichen Frau, deren wir uns ein langes Leben hindurch haben erfreuen dürfen – sie immer mehr zu lieben und zu bewundern. So nur trauern wir um sie.«[42]

33 BWSB II, S. 428.
34 BWSB I, S. 362.
35 BWSB II, S. 67.
36 Ebenda.
37 Ebenda, S. 68.
38 BWSB I, S. 276.
39 BWSB II, S. 422.
40 Ebenda, S. 565.
41 Ebenda.
42 BBW VI, S. 285.

Korrespondenz XVI

Nr. 1 – Visitenkarte An Maria Fellinger

17. Oktober 1890

Schönsten Dank Ihnen und meiner Unbescheidenheit, und trotz dieser Karte hofft für Sonntag auf das Vergnügen
Ihr ergebenster
[ohne Namenszeichnung]

Nr. 2 – Korrespondenzkarte An Richard Fellinger

Wien, 6. Februar 1891

Lieber Herr Dr. Ich komme soeben von Dornbusch [bei Wien] mit der Einsicht zurück, daß ich am Sonntag schwerlich gern weiter gehe, sondern froh sein werde, wenn ich etwa in der Apostelgasse schon einen Unterschlupf finde?
Herzlich grüßend
Ihr J. Brahms.

Nr. 3 – Korrespondenzkarte An Maria Fellinger

Frankfurt a. M., 25. März 1891

Am Samstag früh denke ich zu Hause zu sein und würde es für einen freundlichen Zufall halten, wenn ich Ihnen etwa schon am Sonntag 1½ Uhr viele herzliche Grüße von hier ausrichten dürfte! Einstweilen diesen kleinen flüchtigen Gruß als Abschlagzahlung von
Ihrem
herzl. ergebenen
J. Br.

Nr. 4 – Korrespondenzkarte An Maria Fellinger
10. Oktober 1891

Geehrteste. Grüßen Sie doch die Pepi recht schön und ich freue mich auf den Sonntag um – ? Uhr – das hat sie vergessen zu sagen. Falls ich ihr um 1 Uhr zu früh käme, bitten Sie sie, ein Wort zu schreiben Ihrem ergebensten J. Br.

Nr. 5 – Korrespondenzkarte An Maria Fellinger
Wien, 3. Mai 1892

Wenn Sie indessen nicht (wie bei Ihrer Wirthschaft anzunehmen) für Donnerstag ein anderes großes Festessen arrangirt haben, so könnte ich mir nachträglich mein kleines ausbitten?

Mit des Geschickes Mächten ist, wie Sie wissen, nicht gut Kirschen essen, diesmal aber waren sie mir freundlich gesinnt, wenn ein da capo Ihrer frdl. Einladung erwarten kann
Ihr ergebenster J. Br.

Nr. 6 – Korrespondenzkarte An Maria Fellinger
Wien, 22. Oktober 1892

Die Landstraßen werden Morgen voraussichtlich zu feucht sein, um im Freien photographieren zu können – so wird sich sehr freuen, wenn bei Ihnen unterkriechen darf
Ihr herzlich grüßender J. Br.

Nr. 7 – Korrespondenzkarte An Maria Fellinger
11. Mai 1894

Wenn Sie erlauben, macht sich am Montag Pfingsten zum lieblichen Fest und kommt um 1 Uhr
Ihr dankbar ergebener
[ohne Namenszug]

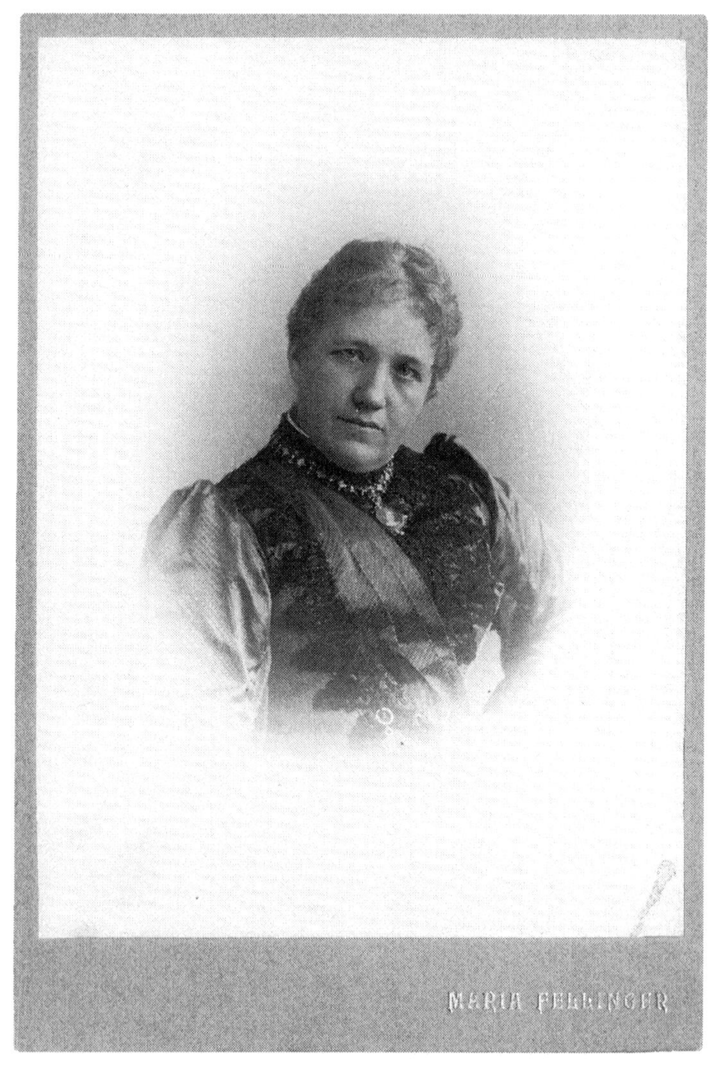

Maria Fellinger, 1893
Fotografie von Maria Fellinger
(Archiv der Gesellschaft der Musikfreunde in Wien, Sammlung Fellinger)

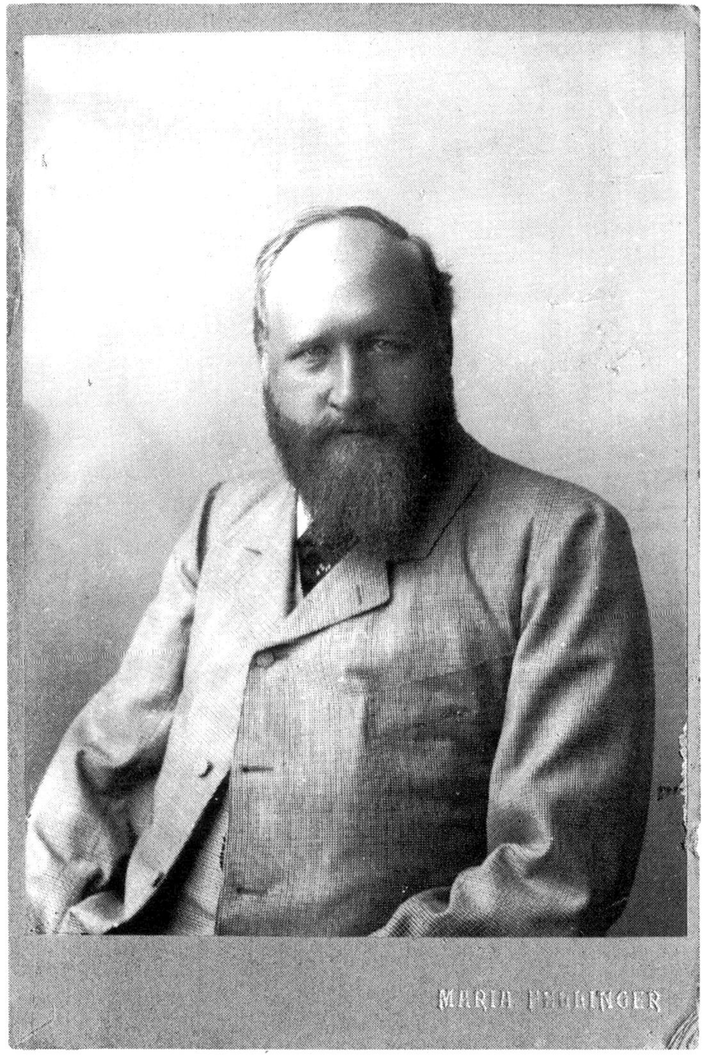

Richard Fellinger sen., 1893
Fotografie von Maria Fellinger
(Archiv der Gesellschaft der Musikfreunde in Wien, Sammlung Fellinger)

Nr. 8 – Brief

An Maria Fellinger
Wien, 7. Januar 1895

Liebe und geehrte Frau Dr.
Hrn. Mühlfeld und mir könnte es allerdings ganz recht sein, um 12 Uhr musiciren und dann ruhig und vergnüglich uns zu Tisch zu
134 setzen. Da Sie aber vermutlich Einen und auch noch Andern zum Zuhören einladen, so ist es gar viel praktischer für Sie, wenn wir um 1 Uhr speisen und Sie diesen Einen und auch noch den Andern zu etwa 3 oder 3½ Uhr einladen? Um 4 oder 4½ Uhr können Sie dann wieder in gewünschter Stille sich dem Photographieren oder dem Lesen der letzten weihnachtlichen Bände Lyrik hingeben.
Sobald ich weiß, nenne ich den Tag und frage ob er Ihnen recht ist. (Ich denke an Donnerstag.)
Mit bestem Gruß Ihr ergebenster J. Brahms.

Soeben waren die Hrn. Steinbach und Mühlfeld da, und wir meinen, Sie um den Donnerstag bitten zu dürfen. (1 Uhr und 3 oder 3½.)

Nr. 9 – Korrespondenzkarte

An Maria Fellinger
Wien, 30. April 1896

Liebe Frau Dr. Damit Sie uns nicht etwa schlechtes Wetter wünschen, melde ich sofort, daß ich auch beim schönsten am Sonntag nicht weiter zu spazieren gedenke, als nach umstehender schöner und lieblicher Landschaft [= dem Arenberg Palais, III. Bezirk, Landstraßer Hauptstraße 96, mit großem Park]!
Bestens grüßend Ihr
J. Br.

Nr. 10 – Korrespondenzkarte An Richard Fellinger

Wien, 13. Januar 1897

L. Fr. Am Sonntag ist ein Concert, das ich wohl bis zum Schluß mitmachen muß – das aber Ihre Speisestunde zu weit hinausrücken würde? Sonst hätte ich gern die Erlaubniß erbeten, kommen zu dürfen Ihr herzl. grüßender
J. Brahms.

Johannes Brahms war ein Familienmensch – ohne eigene Familie. Diesen Mangel versuchte er auszugleichen, indem er bei Freunden und Bekannten Familienanschluss suchte. Eine unter den vielen Familien in Wien (seinem ständigen Wohnsitz seit Ende 1871), die sich auf vielfältige Weise um ihn kümmerten und ihn öfter zu sich nach Hause einluden, war die Familie von Maria und Richard Fellinger. Sie war in dieser Hinsicht sicherlich die wichtigste: zu ihr unterhielt er die engste und vertrauteste Beziehung.

Johannes Brahms und Richard Fellinger lernten sich durch die Vermittlung von Clara Schumann im September 1878 anlässlich der Feiern zum 50-jährigen Stiftungsfest der Philharmonischen Gesellschaft in Hamburg kennen. Daraus ergab sich zunächst keine nähere Beziehung. Die gegenseitige Annäherung erstreckt sich vielmehr über einige Jahre, wohl aus gegenseitigem Respekt und aus Angst, sich aufzudrängen. Eine erste Begegnung zwischen dem Ehepaar Fellinger und Brahms fand dann am 2. November 1881 im Hause der Familie von Emil und Anna Franz, einer geborenen Wittgenstein und zeitweiligen Schülerin von Brahms, statt. Dieser folgte zwei Tage später ein gemeinsames Essen in Brahms' Lieblingsrestaurant, dem »Roten Igel«, und zwölf Tage darauf besuchte Brahms Familie Fellinger zum ersten Mal in ihrer Wohnung. Erst ein Jahr später, am 12. November 1882, hatte das Ehepaar schließlich den Mut, Brahms zusammen mit weiteren Gästen zu sich nach Hause einzuladen, am 6. Januar 1884 dann Brahms allein. Mit dem Einzug der Familie in die Wohnung Apostelgasse 12 am 7. Mai 1884 begann schließlich das, was der Sohn Richard Fellinger in seinen *Erinnerungen* die »eigentliche Brahmszeit«[1] bei seinen Eltern nennt.

Im Laufe der Jahre entwickelte sich ein vertrautes Verhältnis, das man als unaufdringlich zugetan bezeichnen kann. Aber wie um zu große Nähe und Berührung abzuwehren beziehungsweise gar nicht erst aufkommen zu lassen, kam es, im Gegensatz zu anderen häufigen Besuchern der Familie wie dem Cellisten Robert Hausmann und dem Komponisten Gustav Jenner, zwischen Brahms und dem Ehepaar Fellinger nie zu einem Du im gegenseitigen Miteinander. Nicht von ungefähr mokiert sich Brahms einmal gegenüber Maria Fellinger über ihr »Robertle«[2], wie sie Robert Hausmann nannte, und kritisiert gegenüber Hausmann selbst den »Brahms- und Jennerkultus«[3] bei Fellingers.

Diese latente leichte Spannung zwischen Nähe und Distanz spiegeln auch die Anreden in der Korrespondenz. So werden Richard und Maria Fellinger während des ganzen Briefwechsels mit »Lieber Herr Dr.« und »Liebe Frau Dr.« sowie erweiterten Varianten davon angeredet, hin und wieder Richard Fellinger auch als »L.[ieber] F.[reund]« und Maria Fellinger in einer der letzten Mitteilungen von Brahms als »Geehrteste, Liebe«. Im persönlichen Verkehr ging es jedoch zwanglos und gelöst zu. Das zeigen auch die launigen und heiteren Selbsteinladungen, um die es hier geht. Sie entwickelten sich im Laufe der Zeit immer mehr zu einem rituellen Spiel.

Brahms liebte Oxymora wie beispielsweise »feindlicher Freund«[4], »trauriger Scherz«[5] oder »ernste Freude«[6]. Ein weiteres Oxymoron könnte gleichsam als Motto über all den Selbsteinladungen stehen. Diese sind geprägt durch eine »schüchterne Zudringlichkeit«[7], wie Brahms es im Brief vom 22. November 1877 an Elisabet von Herzogenberg nennt. An gleicher Stelle sagt er, »Bescheidenheit« sei »das unpraktischste Kleid, das der Mensch anhaben«[8] könne. Auf der anderen Seite sei er aber auch nicht »dreister Natur«[9]. Dieses Dilemma zwischen dreister Zudringlichkeit und schüchterner Bescheidenheit löst Brahms dadurch auf, dass er es durch seinen Humor harmonisiert. Aber der Humor dient nicht nur dazu: In allen Selbsteinladungen erweist er sich als eine Form des Abstandhaltens und der Nähe zugleich. Alle sind auf die eine oder andere Weise durch ihn geprägt.

Nun ist es nicht so, dass Brahms hätte nachhelfen müssen, um von Fellingers eingeladen zu werden. Das geschah häufig genug an unterschiedlichen Wochentagen und zu verschiedensten Anlässen sowie unzählige Male zu Weihnachten. Und wann immer der Ruf »Morgen kommt Brahms zu Tisch!«[10] erscholl, so berichtet Richard Fellinger jun., so war »Festfreude im Hause«[11]. Luden Fellingers, um nicht zudringlich zu sein, Brahms einmal längere Zeit nicht ein, so sagte er mit camouflierter Gekränktheit: »Eingeladen werde ich überhaupt nicht mehr, ich bin ein armer, verlassener Wurm!«[12] Am liebsten wollte er jeden Sonntag kommen, und das war auch oft der Fall. Wenn Brahms sich also auf die vorliegende Weise selbst einlud – und hier handelt es sich nur um eine kleine Auswahl, die sich weitgehend auf den Sonntagmittag sowie Pfingsten und Brahms' Geburtstag am 7. Mai beschränkt –, so trieb er (nur) ein neckendes unterhaltsames Spiel mit seinen Gastgebern, allerdings mit ernstem Hintergrund, dem Alleinsein.

Was die vorgeschobenen Gründe und Anlässe für die Einladungen angeht, so kennt Brahms' Erfindungs- und Variationenreichtum keine Grenzen. Dafür müssen beispielsweise Grüße von Clara Schumann (Nr. 3), angebliche Versäumnisse des Fellingerschen Dienstmädchens Pepi Dail (Nr. 4) sowie Besuche des Meininger Klarinettisten Richard Mühlfeld und des dortigen Dirigenten Fritz Steinbach (Nr. 8) herhalten, aber auch Brahms' eigener Geburtstag am 7. Mai (Nr. 5). Zu Nr. 6 muss man wissen, dass Maria Fellinger eine leidenschaftliche Photographin war (die – nebenbei – viele Fotos von Brahms gemacht hat). Gleichsam gewürzt werden zwei der Selbsteinladungen durch freie Zitate, die Brahms' große Belesenheit dokumentieren. Diese wird aber nicht zur Schau gestellt, denn das läge ihm, der eher zur Untertreibung neigte, ganz fern. Vielmehr wird nur derzeitiges bürgerliches Allgemeinwissen abgerufen, wie man es etwa in den 1890er Jahren entstandenen Berlin-Romanen von Theodor Fontane beobachten kann. Davon macht Brahms scherzhaft Gebrauch. So bezieht er sich

1 RF, S. 26.
2 BBW VII, S. 260.
3 RF, S. 157.
4 BWSB I, S. 413.
5 BWSB II, S. 13.
6 BBW XV, S. 110.
7 BBW I, S. 31.
8 Ebenda.
9 BBW I, S.28.
10 RF, S. 64.
11 Ebenda.
12 RF, S. 65.

in Nr. 5 auf Schillers *Lied von der Glocke*, wo es in Vers 144f. heißt: »Doch mit des Geschickes Mächten / Ist kein ewger Bund zu flechten.«[13] Indem er die Schillerschen Verse mit der Redewendung, dass mit jemandem nicht gut Kirschen essen sei, montiert, bricht er das Erhabene jener Verse in humoristischer Weise – ein kleines Beispiel Brahmsscher Sprachbewusstheit. In Nr. 7 schließlich zitiert Brahms Vers 1 aus Goethes Epos *Reineke Fuchs*, das mit »Pfingsten, das liebliche Fest war gekommen«[14] beginnt. Wenn man im Ohr hat, wie die folgenden Zeilen lauten, so ergibt sich eine Fülle humoristischer Anspielungen persönlicher Art. Dort ist nämlich davon die Rede, dass Nobel, der König der Tiere, seine Vasallen herbeiruft, um mit ihnen »Hof zu halten in Feier und Pracht« (Vers 11). Selten wurde eine Erwartungshaltung auf solche Weise zum Ausdruck gebracht.

Die Form der Selbsteinladung praktizierte Brahms bis zu seinem Lebensende. Vor dem Weihnachtsfest 1896, seinem letzten, fragte er in »verschämt zögernder Weise«[15] bei Fellingers an, ob er den Weihnachtsabend bei ihnen verbringen dürfe. Dazu kam es dann auch. Fürsorglich wie kaum jemand anderes und wegen seines schlechten Gesundheitszustands um ihn besorgt, luden sie Brahms auch für die weiteren Tage bis Silvester ein, wobei Brahms beim Fortgehen immer »mit bescheidenem Zögern« fragte: »Darf ich morgen wieder kommen?«[16]

---

13 SW I, S. 433f.
14 GW II, S. 285.
15 RF, S. 118.
16 RF, S. 120.

ANHANG

Literatur

Briefwechsel

BBW I — Max Kalbeck (Hrsg.), *Johannes Brahms im Briefwechsel mit Heinrich und Elisabet von Herzogenberg,* Bd. 1: 1876–1882, Berlin 1912.

BBW II — Bd. 2: 1882–1897, Berlin 1912.

BBW III — Wilhelm Altmann (Hrsg.), *Johannes Brahms im Briefwechsel mit Karl[!] Reinthaler, Max Bruch, Hermann Deiters, Friedr. Heimsoeth, Karl Reinecke, Ernst Rudorff, Bernhard und Luise Scholz,* Berlin 1908.

BBW IV — Richard Barth (Hrsg.), *Johannes Brahms im Briefwechsel mit Julius Otto Grimm,* Berlin 1908.

BBW V — Andreas Moser (Hrsg.), *Johannes Brahms im Briefwechsel mit Joseph Joachim,* Bd. 1: 1853–1863, Berlin 1908.

BBW VI — Bd. 2: 1863–1897, Berlin 1908.

BBW VII — Leopold Schmidt (Hrsg.), *Johannes Brahms im Briefwechsel mit Hermann Levi, Friedrich Gernsheim sowie den Familien Hecht und Fellinger,* Berlin 1910.

BBW VIII — Max Kalbeck (Hrsg.), *Johannes Brahms im Briefwechsel mit Joseph Victor Widmann, Ellen und Ferdinand Vetter, Adolf Schubring,* Berlin 1915.

BBW IX — Max Kalbeck (Hrsg.), *Johannes Brahms – Briefe an P. J. Simrock und Fritz Simrock,* Bd. 1: 1860–1876, Berlin 1917.

BBW X — Bd. 2: 1876–1882, Berlin 1917.

BBW XI — Bd. 3: 1882–1889, Berlin 1919.

BBW XII — Max Kalbeck (Hrsg.), *Johannes Brahms – Briefe an Fritz Simrock,* Bd. 4: 1889–1897, Berlin 1919.

BBW XIII — *Johannes Brahms im Briefwechsel mit Th. Wilhelm Engelmann,* mit einer Einleitung von Julius Röntgen, Berlin / Leipzig 1918.

BBW XIV	Wilhelm Altmann (Hrsg.), *Johannes Brahms im Briefwechsel mit Breitkopf & Härtel, Bartolf Senff, J. Rieter-Biedermann, C. F. Peters, E. W. Fritzsch und Robert Lienau,* Berlin 1920.
BBW XV	Ernst Wolff (Hrsg.), *Johannes Brahms im Briefwechsel mit Franz Wüllner,* Tutzing 1974 (Nachdruck der Neuausgabe von 1922).
BBW XVI	Carl Krebs (Htsg.), *Johannes Brahms im Briefwechsel mit Philipp Spitta und Otto Dessoff,* Tutzing 1974 (Nachdruck der Ausgabe von 1920).
BBW XVII	Herta Müller und Renate Hofmann (Hrsg.), *Johannes Brahms im Briefwechsel mit Herzog Georg II. von Sachsen-Meiningen und Helene Freifrau von Heldburg,* Tutzing 1991.
BBW XVIII	Otto Biba und Kurt und Renate Hofmann (Hrsg.), *Johannes Brahms im Briefwechsel mit Julius Stockhausen,* Tutzing 1993.
BBW XIX	Robert Münster (Hrsg.), *Johannes Brahms im Briefwechsel mit Ernst Frank,* Tutzing 1995.
BST	Irmgard Schumann-Reye, *Johannes Brahms im Leben unserer Mutter und Großmutter,* berichtet von Gertrud Reye (Brahms-Studien 8), hrsg. im Auftrage der Johannes Brahms-Gesellschaft, Internationale Vereinigung e.V. von Renate und Kurt Hofmann, Hamburg 1990.
BWBiBr	Otto Gottlieb-Billroth (Hrsg.), *Billroth und Brahms im Briefwechsel,* Berlin / Wien 1935.
BWBG	Dieter Lohmeier (Hrsg.), *Johannes Brahms / Klaus Groth. Briefe der Freundschaft,* Heide 1997.
BWBGFak	Brief von Johannes Brahms an Klaus Groth (Wien, v.d. 24. November 1892), Faksimile der Schleswig-Holsteinischen Landesbibliothek Kiel.
BWRS	Robert Schumann, *»Schlage nur eine Weltsaite an«. Briefe 1828–1855,* ausgewählt und kommentiert von Karin Sousa, mit einem Nachwort von Rüdiger Goerner, Frankfurt am Main / Leipzig 2006.

BWSB I Berthold Litzmann (Hrsg.), *Clara Schumann / Johannes Brahms. Briefe aus den Jahren 1853–1986,* Bd. 1: 1853–1871, Leipzig 1927.

BWSB II — Bd. 2: 1872–1896, Leipzig 1927.

CF *»Ganz Dein zärtlicher Sohn Johannes«. Johannes Brahms' Briefwechsel mit seinem Vater (1864–1871),* mit einer Einführung von Constantin Floros, Hamburg 1998.

CSTb I Berthold Litzmann, *Clara Schumann. Ein Künstlerleben nach Tagebüchern und Briefen*, Bd.1: 1819–1840, Leipzig [4]1910.

CSTb II — Bd. 2: 1840–1856, Leipzig [3]1907.

CSTb III — Bd. 3: 1856–1896, Leipzig [2]1909.

KST 1973 Kurt Stephenson (Hrsg.), *Johannes Brahms in seiner Familie. Der Briefwechsel,* Hamburg 1973.

WEG *Johannes Brahms und Fritz Simrock. Weg einer Freundschaft. Briefe des Verlegers an den Komponisten,* hrsg. und mit einer Einführung von Kurt Stephenson, Hamburg 1961.

Quellen der Briefe 1–16

I MK I, Bd. 1, Faksimile zwischen S. 24 und 25, Umschrift d. Vf.

II BBW V, S. 41–44.

III HÜB, S. 22.

IV CF, S. 24f. mit freundlicher Erlaubnis des Herausgebers.

V BBW XVIII, S. 125 mit freundlicher Erlaubnis der Herausgeber.

VI BBW X, S.185–188.

VII BBW XVII, S. 26f. mit freundlicher Erlaubnis der Herausgeber

VIII	BBW II, S. 73f.
IX	BBW VII, S. 254f.
X	BBW VI, S. 229.
XI	BWSB II, S. 344–346.
XII	BWSB II, S. 353–355.
XIII	BBW II, S. 258.
XIV	Schleswig-Holsteinische Landesbibliothek Kiel, Faksimile, Umschrift d. d. Vf.
XV	BWSB II, S. 598f.
XVI	BBW VII, S. 271, 272, 272f., 276, 279, 285, 291, 296f., 307 und 317.

Literatur zu Johannes Brahms

AD	Albert Dietrich, *Erinnerungen an Johannes Brahms in Briefen besonders aus der Jugendzeit,* Leipzig 1889.
	Peter Clive, *Brahms and His World. A Biographical Dictionary,* Maryland / Toronto / Oxford 2006.
HEU	Richard Heuberger, *Erinnerungen an Johannes Brahms. Tagebuchnotizen aus den Jahren 1875 bis 1897,* erstmalig vollständig hrsg. von Kurt Hofmann, Tutzing [2]1976.
HÜB	Walter Hübbe, *Brahms in Hamburg,* Hamburg 1902.
JR	Jan Reichow, *»Kennst Du etwa noch ein H-dur-Trio aus unserer Jugendzeit?«,* Beiheft zu: *Johannes Brahms, Klaviertrios I,* Abegg Trio, Tacet 1999.
KH 1974	Kurt Hofmann, *Die Bibliothek von Johannes Brahms. Bücher und Musikalienverzeichnis,* Hamburg 1974.
KH 2003	Kurt Hofmann, *»Sehnsucht habe ich immer nach Hamburg…«. Johannes Brahms und seine Vaterstadt. Legende und Wirklichkeit,* Reinbek 2003.
KST	Kurt Stephenson, *Johannes Brahms und die Familie Beckerath,* hrsg. von der Brahms-Gesellschaft in Baden-Baden, Hamburg 1979.

MAY — Florence May, *Johannes Brahms. Die Geschichte seines Lebens,* aus dem Englischen übersetzt von Ludmille Kirschbaum, 2 Teile in einem Band, München 1983.

MK I — Max Kalbeck, *Johannes Brahms,* Bd. 1: 1833–1862 (Bd. 1/1: 1833–1856), Berlin [4]1921 (Nachdruck Tutzing 1976).

MK II — — Bd. 2: 1862–1873 (Bd. 2/2: 1869–1873), Berlin [3]1921 (Nachdruck Tutzing 1976).

MK III — — Bd. 3: 1874–1885 (Bd. 3/2: 1881–1885), Berlin [2]1913 (Nachdruck Tutzing 1976).

RF — Richard Fellinger, *Klänge um Brahms. Erinnerungen von Richard Fellinger,* Neuausgabe hrsg. von Imogen Fellinger, Mürzzuschlag 1997.

RKH — Renate und Kurt Hofmann, *Johannes Brahsm privat. Tafelfreuden und Geselligkeit,* Heide 2002.

Renate und Kurt Hofmann, *Johannes Brahms. Zeittafel zu Leben und Werk,* Tutzing 1983.

Renate und Kurt Hofmann, *Johannes Brahms als Pianist und Dirigent. Chronologie seines Wirkens als Interpret,* Tutzing 2006.

SK — Siegfried Kross, *Johannes Brahms. Versuch einer kritischen Dokumentar-Biographie,* 2 Bde., Bonn 1997.

Weitere Literatur

Inge Bichel, Ulf Bichel und Joachim Hartig, *Klaus Groth. Eine Bildbiographie,* Heide 1994.

Berend Goos, *Ein Leben in Hamburg,* hrsg. von Eckart Kleßmann, Hamburg 2013.

FH — Friedrich Hebbel, *Tagebücher,* ausgewählt und hrsg. von Anni Merz, Stuttgart 2013.

GW II — Johann Wolfgang von Goethe, *Werke*, Bd. 2, textkritisch durchgesehen und mit Anmerkungen versehen von Erich Trunz, Hamburg [6]1962.

GW V — Bd. 5, textkritisch durchgesehen und mit Anmerkungen versehen von Josef Kunz, Hamburg ^{6}1964.

HW I E.T.A. Hoffmann, *Werke,* Bd. 1: *Fantasiestücke in Callots Manier, Die Elixiere des Teufels*, neu durchgesehen und rediviert von Herbert Kraft und Manfred Wacker, Frankfurt am Main 1967.

HW III — Bd. 3: *Prinzessin Brambilla, Lebensansichten des Katers Murr*, neu durchgesehen und rediviert von Herbert Kraft und Manfred Wacker, Frankfurt am Main 1967.

PH Peter Handke, *Vor der Baumschattenwand nachts*, Salzburg / Wien 2016.

Ser E.T.A. Hoffmann, *Die Serapionsbrüder I*, Neufassung, Textrevision und Anmerkungen von Hans-Joachim Kruse, Berlin / Wismar 1994 [1976ff.].

SW I Friedrich Schiller, *Sämtliche Werke*, Bd. I, hrsg. von Gerhard Fricke und Herbert G. Göpfert in Verbindung mit Herbert Stubenrauch, München ^{2}1960.

SW V — Bd. 5, hrsg. von Gerhard Fricke und Herbert G. Göpfert, München ^{2}1960.

ThSt Katalog zur Ausstellung »Théodore Strawinsky«, hrsg. von der Fondation Théodore Strawinsky, Genève, Grandson 2006.

Personenregister

Hinweis:
Im gesamten Register versteht sich »Brahms« ohne Nennung des Vornamens als Johannes Brahms

Herzensschwestern der Musik

Pauline Viardot und Clara Schumann
Briefe einer lebenslangen Freundschaft

Pauline Viardot und Clara Schumann, »die zwei ältesten Freundinnen dieses Jahrhunderts«, lernen sich 1838 in Leipzig kennen. Die lebenslange Freundschaft zwischen der berühmten Sängerin und der großen Pianistin begleitet die beiden durch ihr aufregendes und anstrengendes Leben als Künstlerinnen. Wie vereinbaren sie Karriere und Familie? Welche Musik schätzen sie? Wie reist man am besten nach Sankt Petersburg? Die beiden bedeutenden Musikerinnen des 19. Jahrhunderts begegnen einander immer wieder in den großen Städten Europas, treten gemeinsam auf und leben eine Zeit lang beide in Baden-Baden. Sie unterstützen und streiten, bewundern und kritisieren sich. Ihre Briefe erzählen von Triumphen und Schicksalsschlägen, Konzerten und wichtigen Kontakten. Die gebürtige Spanierin Pauline Viardot sprüht dabei vor Temperament und Charme, während Clara Schumann ihre Ernsthaftigkeit und Tiefe offenbart.

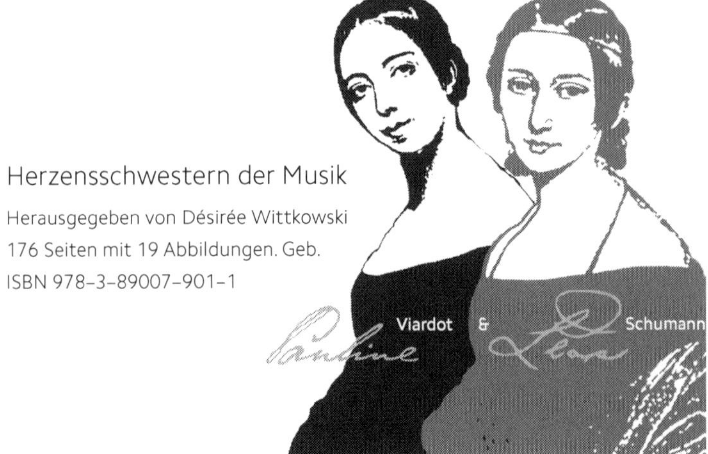

Herzensschwestern der Musik

Herausgegeben von Désirée Wittkowski
176 Seiten mit 19 Abbildungen. Geb.
ISBN 978-3-89007-901-1

Laaber